DEMENCIA DIGITAL, Cómo Superarla

Herramientas y Técnicas para Reequilibrar la Mente: Retomando el Control

Pedro Agüero Vallejo

Tabla de contenido

Introducción

En un mundo donde la tecnología permea cada rincón de nuestra existencia, desde los despertadores que nos despiertan por la mañana hasta las aplicaciones que monitorean nuestro sueño por la noche, nos encontramos en una encrucijada. La digitalización ha traído consigo innumerables beneficios, abriendo puertas a la información, conectando continentes y revolucionando la forma en que vivimos, trabajamos y jugamos. Sin embargo, esta inmersión profunda en el mundo digital también ha traído consigo desafíos inesperados. La "demencia digital", un término coloquial que captura la sensación de estar abrumado y desconectado en un mundo hiperconectado, ha surgido como una preocupación creciente para muchos.

Aunque la frase puede evocar imágenes de olvido y confusión, la demencia digital no es una enfermedad en el sentido clínico. Es más bien un síntoma de nuestra relación a veces complicada con la tecnología: una manifestación de cómo, en nuestro esfuerzo por estar siempre conectados, a menudo nos desconectamos de nosotros mismos, de nuestras habilidades innatas y de las personas que nos rodean.

Este libro, "DEMENCIA DIGITAL, Cómo superarla", no es un llamado a rechazar la tecnología, sino un manual para navegar por sus aguas turbulentas con equilibrio y conciencia. Al entender cómo hemos llegado a este punto, podremos armarnos con herramientas y estrategias para reequilibrar nuestra mente y retomar el control. No se trata de renunciar a los beneficios de la era digital, sino de aprender a utilizarla de manera que complemente, en lugar de suplantar, nuestras capacidades humanas.

En el corazón de este libro se encuentra la sección "Herramientas y Técnicas para Reequilibrar la Mente: Retomando el control". Aquí, desvelaremos prácticas, ejercicios y consejos diseñados para ayudarte a reconectar con tu esencia, fortalecer tus habilidades cognitivas y encontrar un espacio de serenidad en el torbellino digital.

Bienvenido a este viaje hacia una relación más sana y enriquecedora con la tecnología, hacia un entendimiento donde la mente humana y la digitalización puedan coexistir en armonía. Juntos, aprenderemos a superar los desafíos de la demencia digital y a abrazar un futuro donde la tecnología es una aliada, no una adversaria.

Capítulo 1

Definiendo la Demencia Digital

Bueno es recordar que la demencia digital no es una enfermedad real, como la demencia relacionada con la edad. En cambio, es un término coloquial utilizado para describir la dificultad en el uso de la tecnología digital. Con paciencia, educación y apoyo, muchas personas pueden superar estas dificultades y utilizar la tecnología de manera efectiva.

La "demencia digital" es un término que se utiliza para describir la pérdida de habilidades cognitivas relacionadas con el uso de la tecnología digital, como teléfonos inteligentes, computadoras y dispositivos similares. A menudo, se asocia con la dificultad para comprender y utilizar estas tecnologías, especialmente entre las personas mayores.

En esta era de la información, en la que nos encontramos constantemente rodeados de tecnologías digitales, ha surgido un fenómeno que, pese a su nombre, no es una enfermedad en el sentido tradicional. Se le conoce como "demencia digital", y aunque puede evocar imágenes de una condición médica grave, es esencial entender que este término es de naturaleza coloquial y no médica.

La demencia digital se refiere a la pérdida o disminución de habilidades cognitivas que se asocian directamente con el uso excesivo o la dependencia de la tecnología digital, como teléfonos inteligentes, tabletas, computadoras, y otros dispositivos similares.

Esta "pérdida" no se refiere a una degeneración cerebral, como ocurre con la demencia relacionada con la edad, sino a la tendencia que tienen algunas personas, especialmente las que pertenecen a generaciones anteriores a la era digital, de sentirse abrumadas o incapaces de comprender y adaptarse eficientemente a las rápidas innovaciones tecnológicas.

Es común ver a personas que, al depender tanto de sus dispositivos, olvidan o dejan de lado habilidades básicas que anteriormente eran esenciales. Por ejemplo, la dependencia del GPS puede hacer que olvidemos cómo navegar por nuestra ciudad o que ya no recordemos números telefónicos importantes porque confiamos en que nuestro smartphone los tiene almacenados. Aunque estas situaciones pueden parecer triviales, reflejan cómo la tecnología está moldeando y, en algunos casos, limitando nuestras capacidades cognitivas.

No obstante, es crucial entender que esta "demencia" no es irreversible. Es más una consecuencia de cómo la tecnología ha transformado nuestra forma de vivir y pensar que una enfermedad en sí. A menudo, se manifiesta en individuos que sienten ansiedad o estrés al intentar adaptarse a las constantes actualizaciones y cambios tecnológicos, o que sienten que la tecnología controla su vida más de lo que les gustaría.

La creciente preocupación en torno a la "demencia digital" ha llevado a muchos a cuestionar las implicaciones a largo plazo del uso de la tecnología en nuestra salud mental y cognitiva. Pero es vital reconocer que, a pesar de su nombre alarmante, esta "demencia" no es una condición permanente ni una enfermedad degenerativa. Más bien, es el reflejo de cómo la revolución digital ha cambiado drásticamente nuestra vida, nuestras rutinas y, en consecuencia, nuestra forma de pensar y procesar la información.

Imagina por un momento la vida antes de los smartphones, las redes sociales y el acceso inmediato a la información. Ahora, compara ese panorama con nuestro presente, donde gran parte de nuestra existencia gira en torno a las pantallas y las conexiones digitales. Esta transición, aunque beneficiosa en muchos aspectos, no ha estado exenta de desafíos.

La rapidez con la que la tecnología avanza y se transforma ha dejado a algunos sintiéndose atrapados en un torbellino constante de actualizaciones, nuevas aplicaciones y adaptaciones. No es raro, entonces, que esto genere sentimientos de ansiedad, estrés o incluso de ser dominado por estos dispositivos que, paradójicamente, fueron diseñados para facilitar nuestras vidas.

Algunos individuos, al enfrentarse a esta avalancha tecnológica, sienten que han perdido el control, que la tecnología dicta sus horarios, sus interacciones e incluso sus pensamientos. Esta sensación puede asemejarse a la que experimentamos cuando nos encontramos en un lugar desconocido sin un mapa, buscando puntos de referencia y sintiendo la presión de adaptarnos rápidamente a un entorno en constante cambio.

Sin embargo, es esencial subrayar que, aunque estos sentimientos y desafíos son reales y válidos, no estamos ante una sentencia de por vida. La "demencia digital" es más un síntoma temporal de nuestra relación con la tecnología que una condición fija.

Con la comprensión adecuada, las herramientas y la determinación, podemos aprender a navegar por este paisaje digital de manera equilibrada, redefiniendo nuestra relación con la tecnología para que se convierta en una aliada y no en una fuente de ansiedad. En definitiva, la clave está en encontrar ese punto medio donde coexistimos en armonía con la tecnología, reconociendo su valor sin dejar que domine nuestro ser.

Para las generaciones que crecieron en un mundo menos digitalizado, el salto tecnológico puede parecer abrumador, llevándoles a sentir que están "perdiendo" habilidades o capacidades que antes poseían. Sin embargo, es importante recordar que, con paciencia, educación, y el apoyo adecuado, es totalmente posible superar estas dificultades, adaptarse y, en muchos casos, incluso aprovechar la tecnología para mejorar y potenciar esas habilidades que parecían olvidadas.

Las calles de la infancia de muchas personas de generaciones anteriores estaban llenas de juegos al aire libre, conversaciones cara a cara y una vida social que no estaba mediada por pantallas brillantes.

Las cartas escritas a mano, las llamadas desde cabinas telefónicas y la espera ansiosa por el periódico matutino eran la norma. En ese paisaje, las habilidades se desarrollaban en un contexto tangible, palpable. Memorizar números telefónicos, leer mapas plegables y mantener agendas escritas a mano eran tareas comunes que requerían cierto grado de destreza mental y atención.

Con la irrupción de la era digital, este escenario ha cambiado drásticamente. Lo que antes se hacía de forma manual, ahora a menudo se delega a dispositivos. Esta transición, para quienes vivieron gran parte de su vida sin la omnipresencia de la tecnología, puede sentirse como un terreno desconocido y, en ocasiones, intimidante. Es como si, de repente, el mundo que conocían hubiera sido reemplazado por uno nuevo, lleno de códigos y lenguajes que no comprenden del todo.

Esta sensación de desplazamiento puede llevar a algunos a sentir que están "perdiendo" habilidades o capacidades que una vez tuvieron en la punta de sus dedos. Como si la tecnología, en lugar de ser una herramienta útil, estuviera borrando parte de su esencia o capacidad. Es un sentimiento comprensible, dado el ritmo vertiginoso con el que la tecnología ha avanzado en las últimas décadas.

No obstante, lo que a menudo se pasa por alto es que esta misma tecnología que parece arrebatar habilidades también tiene el potencial de potenciarlas y mejorarlas. La clave está en la adaptación y el aprendizaje. Con paciencia, es completamente factible aprender a usar estos nuevos dispositivos y plataformas, no como sustitutos, sino como complementos de nuestras capacidades existentes.

Con educación adecuada, lo que inicialmente parece un desafío insuperable puede convertirse en una oportunidad para crecer y expandir horizontes. Y con el apoyo correcto, ya sea de seres queridos, cursos o comunidades en línea, el viaje digital puede ser menos solitario y más empoderador.

Al final del día, las generaciones que crecieron en un mundo menos digitalizado no están perdiendo habilidades, sino enfrentando la oportunidad de reinterpretarlas en un contexto moderno. Al abrazar la tecnología con una mentalidad abierta y positiva, es posible no solo recuperar esas habilidades que parecían olvidadas, sino también enriquecerlas y llevarlas a nuevos niveles en este fascinante mundo digital.

La demencia digital es un reflejo de nuestra relación actual con la tecnología y cómo esta está redefiniendo las capacidades humanas. Reconocer y comprender este fenómeno es el primer paso para asegurarnos de que la tecnología sigue siendo una herramienta que mejora nuestras vidas, en lugar de una cadena que limita nuestro potencial

En la alborada del siglo XXI, nos encontramos navegando por mares tecnológicos que anteriores generaciones no podrían haber imaginado. Las redes sociales, las aplicaciones instantáneas y la omnipresencia de dispositivos inteligentes han tejido una nueva tela en el tapiz de nuestra existencia diaria. Sin embargo, con esta conveniencia y conexión también ha surgido un fenómeno intrigante y, a veces, inquietante: la demencia digital.

La demencia digital, a pesar de su nombre alarmante, no es una enfermedad en el sentido tradicional. Más bien, es un espejo que refleja la relación que hemos forjado con nuestro entorno tecnológico. Es un testimonio de cómo, en nuestro esfuerzo por estar siempre conectados, para estar al tanto de cada actualización y notificación, a veces nos hemos desconectado de aspectos esenciales de nuestra humanidad. Es como si, en nuestra prisa por abrazar el futuro, hubiéramos dejado atrás partes de nosotros que definen nuestra esencia.

Esta nueva dinámica ha llevado a muchos a sentir que, mientras que la tecnología prometía ampliar nuestros horizontes, en algunos aspectos ha comenzado a limitarlos. Al depender demasiado de nuestros dispositivos para tareas simples, como recordar números o direcciones, corremos el riesgo de atrofiar habilidades y capacidades que una vez consideramos fundamentales.

Sin embargo, es esencial ver la demencia digital no como un destino inmutable, sino como una señal, un recordatorio de que debemos ser conscientes y críticos con respecto a cómo interactuamos con la tecnología.

Reconocer y comprender este fenómeno es el primer paso en un viaje hacia una relación más saludable y equilibrada con nuestros dispositivos. Es un llamado a la acción para asegurarnos de que la tecnología, en todas sus maravillosas formas, siga siendo una extensión enriquecedora de nuestras capacidades y no una restricción.

Así, mientras avanzamos en este mundo digital, la clave está en recordar que somos nosotros quienes debemos definir cómo la tecnología se integra en nuestras vidas. A través de la conciencia y el equilibrio, podemos garantizar que la tecnología siga siendo una herramienta poderosa que amplía y mejora nuestras experiencias, en lugar de convertirse en una cadena que limita nuestro verdadero potencial humano.

La era de la sobrecarga de información y dependencia tecnológica.

Al alba del tercer milenio, nuestra sociedad, impulsada por avances tecnológicos sin precedentes, ha entrado en una era caracterizada por dos fenómenos interconectados: la sobrecarga de información y la dependencia tecnológica. Ambos, aunque prometen un mundo de posibilidades y conveniencias, también plantean desafíos únicos para el bienestar y desarrollo humano.

Piensa en un río caudaloso, sus aguas fluyen con una fuerza arrolladora y en él se mezclan corrientes de diversos orígenes. Ahora imagina que ese río es la información que fluye hacia nosotros a diario, los hemos estado viviendo desde finales del año 2022.

Noticias, actualizaciones de redes sociales, correos electrónicos, publicidades, mensajes instantáneos, accesibilidad completa a las inteligencias artificiales y más; todo converge, creando un torrente incesante que inunda nuestros sentidos. Vivimos en una época donde la información no solo es poder, sino que también es abundante y, en ocasiones, abrumadora. El término "sobrecarga de información" no es una mera frase, sino una realidad palpable que muchos experimentan cuando sienten que están siendo arrastrados por este río de datos, incapaces de discernir lo esencial de lo trivial.

Desde finales de 2022, hemos navegado por un río de dimensiones épicas, uno que no se ha visto en generaciones anteriores. Si alguna vez te has detenido a orillas de un río caudaloso, habrás notado cómo las aguas fluyen con una fuerza que parece incontenible, con corrientes que vienen de todas direcciones, mezclándose y chocando entre sí. Este río, en su magnitud y complejidad, es un reflejo perfecto de la avalancha de información a la que estamos sometidos en nuestra era contemporánea.

Desde que despertamos hasta que caemos en el sopor del sueño, estamos bombardeados por una corriente continua de datos. Las noticias, tanto locales como globales, nos llegan a un ritmo que desafía nuestra capacidad de procesarlas. Las redes sociales, con sus incesantes actualizaciones, nos ofrecen un vistazo a las vidas de amigos, familiares y hasta desconocidos, a veces saturando nuestra capacidad de empatía y conexión.

Los correos electrónicos y mensajes se acumulan, a menudo exigiendo respuestas inmediatas, mientras que las publicidades, diseñadas para captar nuestra atención, se deslizan en cada rincón digital que exploramos. Y, como si eso fuera poco, ahora tenemos acceso directo y constante a inteligencias artificiales, que nos brindan información, respuestas y entretenimiento al instante.

Todo esto, por supuesto, tiene sus ventajas. Estamos más informados, conectados y empoderados que nunca. Sin embargo, el desafío radica en cómo navegamos este río sin ser arrastrados por su corriente. La sobrecarga de información no es solo un término que describe nuestra realidad, es un llamado de atención sobre la necesidad de aprender a filtrar, procesar y, cuando sea necesario, desconectar.

La información, en sí misma, es neutral. Es poder, es potencial, es oportunidad. Pero, como con cualquier recurso poderoso, es nuestra responsabilidad usarlo sabiamente. Es esencial aprender a separar el grano de la paja, discernir lo que realmente importa y lo que es simplemente ruido. Si no lo hacemos, corremos el riesgo de quedar atrapados en las corrientes, perdiendo nuestra capacidad de centrarnos, reflexionar y, en última instancia, vivir con propósito.

Así que, mientras seguimos navegando por este río caudaloso que es la era de la información, recordemos llevar con nosotros el ancla de la conciencia, la brújula del discernimiento y el valor de tomar un respiro, de vez en cuando, para simplemente disfrutar del paisaje. Porque, al final del día, es nuestra atención y cómo elegimos dirigirla lo que define la calidad de nuestro viaje en este mundo interconectado.

Junto a este flujo constante de información, ha surgido nuestra creciente dependencia de la tecnología. Nuestros dispositivos, que una vez fueron herramientas secundarias, ahora ocupan un lugar central en nuestras vidas.

Nos despertamos al sonido de una alarma en nuestro teléfono inteligente, revisamos nuestras notificaciones antes de levantarnos de la cama, trabajamos en computadoras, nos conectamos con amigos y familiares a través de plataformas digitales, e incluso buscamos entretenimiento en pantallas. La línea entre la utilidad y la dependencia se ha vuelto cada vez más tenue, llevando a muchos a cuestionar: ¿Estamos controlando la tecnología o es ella la que nos controla?

Este nuevo paradigma presenta desafíos, pero también oportunidades. La sobrecarga de información, si bien puede ser abrumadora, también nos ofrece acceso a conocimientos y perspectivas globales como nunca antes. Por otro lado, nuestra dependencia tecnológica, aunque tiene sus trampas, ha permitido una conectividad y comodidad inigualables.

En el gran tablero del progreso humano, cada avance tecnológico y social viene acompañado de sus propias ventajas y desafíos, y la era digital en la que nos encontramos no es una excepción. Así como el descubrimiento del fuego trajo consigo calor y luz, pero también el riesgo de quemaduras y destrucción, nuestra actual inmersión en la tecnología y la información tiene su propio conjunto de luces y sombras.

La sobrecarga de información, ese constante flujo de datos, noticias, actualizaciones y comunicaciones, puede parecer, en momentos, una marea que nos amenaza con arrastrarnos. Sin embargo, esta misma marea nos ha otorgado un acceso sin precedentes a conocimientos que, en épocas anteriores, habrían estado reservados para unos pocos privilegiados. Ahora, desde la comodidad de nuestros hogares, podemos aprender sobre culturas lejanas, descubrir avances científicos, o incluso tomar cursos impartidos por expertos globales. El mundo se ha vuelto, en muchos sentidos, un lugar más pequeño y más accesible, dándonos una visión global que enriquece nuestro entendimiento y comprensión de la humanidad.

Por otro lado, la tecnología, con sus brillantes pantallas y constantes notificaciones, puede ser una amante exigente, pidiendo nuestra atención a cada instante y creando una sensación de dependencia que, si no se controla, puede parecer insuperable.

Sin embargo, es esa misma tecnología la que nos permite hacer video llamadas con seres queridos al otro lado del mundo, trabajar desde lugares remotos, o acceder a servicios y entretenimientos con solo unos clics. Hemos cruzado fronteras, derribado barreras y creado puentes digitales que han transformado la manera en que interactuamos, trabajamos y nos divertimos.

Como todo en la vida, el equilibrio es la clave. Reconocer y valorar las oportunidades que esta nueva era nos ofrece, mientras permanecemos alertas a los desafíos y trampas que presenta, es esencial. No se trata de rechazar la tecnología o la información, sino de aprender a navegarlas con sabiduría, discernimiento y, sobre todo, con consciencia. En este intrincado baile entre el ser humano y la máquina, la melodía está en constante evolución, pero la coreografía, la elección de cómo moverse al ritmo, sigue estando en nuestras manos.

No obstante, como navegantes de este mar digital, es imperativo que desarrollemos la capacidad de zarpar con intención, de trazar rutas claras y de reconocer cuándo es necesario soltar el ancla y desconectar. Enfrentar y comprender la sobrecarga de información y la dependencia tecnológica no es solo una cuestión de adaptarse a los tiempos, sino de retomar el control y asegurarnos de que, en esta era digital, somos nosotros quienes definimos el rumbo de nuestras vidas.

Surcando las aguas del vasto océano digital en el que nos encontramos, no es raro sentir que las olas de la información y la tecnología nos zarandean en todas direcciones, a veces sin un rumbo claro. Como marineros en esta travesía, no podemos dejar que el viento y las corrientes decidan nuestro destino; es fundamental que asumamos el timón con determinación y propósito.

Zarpar con intención es, en esencia, definir nuestro propósito antes de aventurarnos en las profundidades de la red. En lugar de dejarnos llevar por la primera brisa que nos alcance, debemos preguntarnos: ¿Qué busco en este viaje? ¿Qué espero obtener de él? Estas respuestas nos darán una dirección clara, ayudándonos a navegar con determinación en lugar de a la deriva.

Del mismo modo, trazar rutas claras es vital. En este mar digital, es fácil quedar atrapado en remolinos de distracciones y desvíos. Las redes sociales, las noticias y el constante flujo de comunicaciones pueden desviarnos de nuestro curso si no estamos atentos. Tener un mapa — un plan de cómo y cuándo consumiremos información y tecnología— nos ayuda a mantenernos en el camino correcto.

Y, quizás lo más importante, reconocer cuándo es necesario soltar el ancla y tomar un respiro es fundamental para nuestra salud mental y bienestar. No podemos, ni debemos, estar siempre en movimiento, siempre conectados.

Hay momentos en los que es esencial desconectar, alejarse del ruido y el alboroto, y simplemente estar, apreciando el silencio, la naturaleza, o la compañía de seres queridos sin la interrupción de una pantalla.

No se trata simplemente de sobrevivir en esta era digital, sino de prosperar en ella. Y prosperar significa reconocer que, aunque la tecnología y la información son herramientas poderosas que pueden enriquecer nuestras vidas, no deben dictarlas.

Al final del día, somos nosotros, con nuestras elecciones y acciones, quienes decidimos nuestro destino. En esta travesía digital, retomar el control y asegurarnos de que navegamos con propósito y determinación es el faro que nos guía, iluminando el camino hacia un futuro donde la tecnología sirve al ser humano, y no al revés.

Capítulo 2

Evolución de la dependencia digital

Mucho antes de que las pantallas táctiles y las redes sociales entraran en nuestras vidas, la humanidad ya había comenzado su danza con la tecnología. Desde las primeras herramientas de piedra que utilizaron nuestros ancestros, hasta la invención de la rueda y más allá, siempre hemos buscado maneras de hacer nuestra vida más fácil, más eficiente. Pero, en las últimas décadas, esta danza se ha acelerado a un ritmo vertiginoso, transformándose en un tango apasionado y, en ocasiones, arriesgado.

El amanecer de la era digital, marcado por la llegada de las computadoras personales en los hogares, fue el preludio de lo que estaba por venir. Inicialmente, estas máquinas eran vistas como herramientas de trabajo o de investigación, relegadas a oficinas o laboratorios. Sin embargo, con el advenimiento de la internet, todo cambió. El mundo, de repente, se encontró interconectado en una vasta red que permitía la comunicación instantánea, el acceso a información en tiempo real y la posibilidad de compartir y colaborar como nunca antes.

Con la proliferación de los smartphones y las tabletas, la tecnología dejó de ser un complemento en nuestras vidas para convertirse en una extensión de nosotros mismos. Estos dispositivos nos acompañan a cada momento, desde el despertar hasta el ocaso, y la línea entre el mundo offline y el online comenzó a desdibujarse. Las redes sociales, con su promesa de conexiones inmediatas y su constante flujo de actualizaciones, nos atraparon en sus redes, convirtiéndose en el escenario principal de nuestras interacciones, logros, inseguridades y, en ocasiones, obsesiones.

En el despertar del siglo XXI, el zumbido de las notificaciones, el brillo de las pantallas y el deslizamiento constante de los dedos sobre superficies táctiles se convirtió en la banda sonora y escenografía de nuestras vidas cotidianas. No fue solo una transición tecnológica; fue una metamorfosis cultural y social, cambiando fundamentalmente la manera en que nos relacionamos con el mundo y entre nosotros.

Los smartphones y las tabletas, con su diseño seductor y funcionalidades multifacéticas, no se presentaron simplemente como herramientas o juguetes electrónicos. Eran, y son, portales hacia un universo virtual ilimitado, ofreciendo todo, desde conocimiento y entretenimiento hasta amor y amistad, al alcance de un toque. Su omnipresencia ha fusionado de manera intrincada los mundos digital y físico, de tal modo que diferenciar entre una vida 'real' y una 'virtual' se ha vuelto, para muchos, una distinción obsoleta.

Las redes sociales, por su parte, capitalizaron esta fusión, ofreciéndonos plataformas donde nuestras identidades, tanto las genuinas como las cuidadosamente curadas, podían brillar y ser observadas. Facebook, Twitter, Instagram, y otras similares, se convirtieron en plazas digitales donde celebramos nuestros triunfos, compartimos nuestros pensamientos y buscamos consuelo en nuestros momentos de vulnerabilidad. Sin embargo, en esta exposición constante, también emergió un lado oscuro. La comparación, el deseo de validación y la ansiedad de estar siempre 'conectado' y 'al día' nos llevó a un ciclo perpetuo de chequeo y re-chequeo de nuestros dispositivos.

En esta arena digital, los "me gusta", comentarios y seguidores se convirtieron en una nueva moneda de valor social. El temor a perderse algo, conocido como FOMO (Fear of Missing Out), se arraigó en nuestra psique colectiva, llevándonos a consumir contenido sin cesar, en busca de esa dosis de dopamina que viene con la aprobación digital. Así, nuestras inseguridades, esperanzas y ansiedades se entrelazaron con estos espacios digitales, haciendo que para muchos, la desconexión se sienta como un aislamiento del mundo.

Este paisaje, lleno de maravillas tecnológicas y desafíos emocionales, es el escenario en el que nos encontramos. Y mientras navegamos por sus aguas, nos enfrentamos a la crucial tarea de discernir cómo mantener nuestra humanidad, autenticidad y bienestar en una era donde nuestra realidad está perpetuamente filtrada a través de pixeles.

La dependencia digital no solo se limita a nuestros smartphones o redes sociales.

Considera el hogar inteligente, donde cada electrodoméstico está interconectado y puede ser controlado con un simple comando de voz. Piensa en la educación, donde los libros de texto han sido reemplazados por tablets y las aulas tradicionales por plataformas de aprendizaje en línea. Reflexiona sobre cómo las compras, las citas, el entretenimiento y hasta nuestra salud están siendo mediados por aplicaciones y dispositivos.

La digitalización ha penetrado cada rincón de nuestra existencia, tejido en el mismo tejido de nuestra cotidianidad, transformando no solo la forma en que interactuamos con el mundo, sino también cómo percibimos y definimos la realidad. Esta profunda inmersión en lo digital ha reconfigurado nuestros hábitos, expectativas y, en muchos aspectos, nuestra propia identidad.

En la comodidad de nuestro hogar, una simple frase pronunciada en el aire puede encender las luces, reproducir nuestra canción favorita o ajustar la temperatura de la habitación. El hogar inteligente, una vez material de ciencia ficción, se ha convertido en una realidad tangible, haciendo que nuestras residencias se sientan casi como entidades vivientes que responden a nuestros deseos y necesidades. Si bien esto nos brinda una conveniencia sin precedentes, también plantea preguntas sobre nuestra relación con el espacio físico y cómo la tecnología está redefiniendo la noción de hogar.

La educación, un pilar fundamental en la formación del ser humano, ha experimentado una revolución digital. Los pesados libros de texto y las mochilas cargadas son imágenes del pasado para muchos estudiantes.

Ahora, un único dispositivo puede contener una biblioteca completa, herramientas de investigación y plataformas interactivas que facilitan un aprendizaje más personalizado y adaptativo. Las aulas ya no están limitadas por las cuatro paredes de una institución; el mundo virtual se ha convertido en un espacio educativo, permitiendo el intercambio de ideas y conocimientos sin las barreras del tiempo y la distancia.

El comercio y el consumo han sido igualmente transformados. Las tiendas físicas compiten con plataformas en línea que ofrecen una variedad infinita de productos al alcance de un clic. La gratificación instantánea se ha convertido en la norma, con servicios de entrega el mismo día y algoritmos que predicen y sugieren nuestras próximas compras. Las citas románticas, antaño mediadas por encuentros casuales o presentaciones, ahora suelen comenzar en aplicaciones, donde los perfiles y las conversaciones digitales determinan la compatibilidad.

Y en el ámbito de la salud, las aplicaciones de seguimiento, los dispositivos portátiles y la telemedicina están desempeñando un papel cada vez más prominente, haciendo que la atención médica sea más accesible y personalizada, pero también generando debates sobre la privacidad y la autenticidad de las interacciones humanas.

Mientras nos maravillamos ante las oportunidades y comodidades que la tecnología nos brinda, también enfrentamos el desafío de mantener un equilibrio, de recordar que, a pesar de la omnipresencia de lo digital, seguimos siendo seres humanos con necesidades, deseos y emociones que van más allá de la pantalla.

Si bien es innegable que esta evolución nos ha traído comodidades y posibilidades inimaginables, también nos ha sumergido en un mar de dependencia donde nuestra autonomía y capacidad de desconexión parecen estar en juego. Nos enfrentamos al reto de equilibrar la conveniencia y el avance con la preservación de nuestra esencia y bienestar humano.

Mientras navegamos por el océano de la era digital, es imposible ignorar las corrientes de cambio que nos han arrastrado hacia un horizonte repleto de innovaciones y oportunidades sin precedentes. Desde poder comunicarnos en tiempo real con alguien al otro lado del mundo, hasta acceder a una enciclopedia de conocimiento con un simple toque en una pantalla, hemos logrado avances que, hace solo unas décadas, parecerían material de ciencia ficción. La velocidad y la eficiencia con las que ahora operamos en muchos ámbitos de la vida son asombrosas.

Sin embargo, como con cualquier mar, las aguas no siempre son tranquilas. La misma tecnología que nos ha abierto puertas también ha creado mareas de dependencia. Las notificaciones constantes, la compulsión de revisar nuestros dispositivos, la urgencia de responder a cada mensaje al instante; todo ello ha formado olas que amenazan con arrastrarnos hacia una espiral de desconexión de la realidad tangible.

Muchos se encuentran atrapados en una corriente donde la virtualidad comienza a eclipsar la vida real, donde la interacción digital a menudo supera a la humana, y donde la línea entre nuestra identidad en línea y fuera de línea se vuelve cada vez más borrosa.

Esta dependencia ha llevado a muchos a cuestionar si hemos pagado un precio demasiado alto por la comodidad y la conectividad. ¿Hemos sacrificado nuestra capacidad de estar verdaderamente presentes, de disfrutar de un momento sin la intervención de una pantalla, de valorar el silencio sin el zumbido constante de la tecnología?

No obstante, el dilema no es blanco y negro. No se trata simplemente de rechazar la tecnología y anhelar días pasados, sino de buscar un equilibrio. Reconocer las maravillas y las ventajas de este mundo digitalizado, pero también ser conscientes de sus trampas. Aceptar las herramientas que nos brinda la era digital, pero también cultivar momentos de desconexión, donde podemos reconectar con nuestra esencia, con la naturaleza, con los seres queridos y, lo más importante, con nosotros mismos.

El desafío al que nos enfrentamos es monumental, pero no insuperable. Se trata de tomar las riendas, de ser navegantes conscientes y no simples pasajeros arrastrados por la corriente. En este viaje, nuestro norte debe ser siempre la preservación de nuestra humanidad, nuestra capacidad de sentir, de soñar, de amar y de maravillarnos, asegurándonos de que, mientras abrazamos el futuro, no perdamos de vista lo que verdaderamente nos hace humanos.

Cómo hemos llegado hasta aquí

El viaje hacia nuestra actual dependencia digital es una odisea tejida por décadas de innovación, curiosidad humana y un deseo insaciable de conectividad. Como exploradores ávidos de lo desconocido, hemos surcado los mares de la tecnología, a menudo sin darnos cuenta de cuán profundo nos adentrábamos en sus aguas.

En los albores de la era digital, las computadoras eran monstruosos artefactos relegados a laboratorios y corporaciones. Pero con el tiempo, estas máquinas comenzaron a miniaturizarse y a hacerse más asequibles, permitiendo a la tecnología infiltrarse en los hogares. El lanzamiento de computadoras personales en las décadas de 1970 y 1980 marcó el inicio de una relación íntima entre el ser humano y la máquina. Estas primeras interacciones, aunque rudimentarias, sentaron las bases de lo que vendría después.

A medida que avanzábamos hacia el nuevo milenio, la irrupción de Internet cambió el juego por completo. La "World Wide Web" nos ofreció un universo de información al alcance de nuestros dedos. Los hitos de este período, como el surgimiento de los motores de búsqueda y las primeras redes sociales, comenzaron a moldear un mundo donde la información y la comunicación eran omnipresentes.

Sin embargo, fue la llegada de los smartphones a mediados de la primera década del 2000 lo que verdaderamente precipitó nuestra inmersión en el océano digital. De repente, la tecnología ya no se encontraba simplemente en nuestras casas u oficinas; residía en nuestros bolsillos, acompañándonos en cada paso, en cada momento. Las aplicaciones se convirtieron en nuestras constantes compañeras, dictando desde cómo nos comunicábamos hasta cómo consumíamos entretenimiento, información o incluso comida.

El despuntar del nuevo milenio trajo consigo avances tecnológicos, pero ninguno tan revolucionario como la irrupción de los smartphones. A mediados de la primera década del 2000, estos dispositivos comenzaron a transformar no solo nuestra forma de comunicarnos, sino también nuestra concepción del mundo y nuestro lugar en él. En ese momento histórico, la digitalización ya no era solo un aspecto periférico de nuestras vidas; se convirtió en el núcleo mismo de nuestra cotidianidad.

Antes de la aparición de los smartphones, acceder a Internet requería un espacio definido: el rincón del ordenador en el hogar, el cubículo en la oficina, o incluso el cibercafé en la esquina. Estos lugares se convirtieron en portales hacia el mundo digital, pero su naturaleza estática nos proporcionaba una separación clara entre el espacio digital y el físico.

Sin embargo, con los smartphones, el portal digital se desplazó desde esos espacios estáticos directamente a la palma de nuestras manos. Esta movilidad cambió las reglas del juego. De pronto, las barreras entre lo virtual y lo real se volvieron permeables. Los límites entre el trabajo y el ocio, entre la interacción social cara a cara y la comunicación a distancia, entre el consumo de contenido pasivo y la creación activa, todos comenzaron a difuminarse.

Las aplicaciones se transformaron en el eje central de esta revolución. Estas pequeñas herramientas digitales, diseñadas específicamente para ser consumidas en dispositivos móviles, nos ofrecieron soluciones para casi cada aspecto de nuestras vidas. Desde mensajería instantánea que nos conectaba con seres queridos al otro lado del mundo, hasta aplicaciones para pedir comida a domicilio, para hacer ejercicio, aprender un idioma o simplemente para desplazarnos por la ciudad. Nuestro mundo se compactó y se encapsuló en estas apps, haciendo que todo estuviera al alcance de un clic.

Y con esta comodidad vinieron cambios profundos en nuestro comportamiento y expectativas. La inmediatez se convirtió en la norma. Esperar más de unos segundos para obtener una respuesta o acceder a un servicio se volvió inaceptable. Nuestra paciencia, que una vez nos permitió aceptar los tiempos naturales de las cosas, fue socavada por la rapidez del mundo digital.

En esencia, la llegada de los smartphones y su adopción masiva nos introdujo en una nueva era. Una era donde la tecnología no solo facilita, sino que también moldea, dirige y, en ocasiones, dicta las pautas de nuestro día a día. Es un viaje que apenas hemos comenzado, y es crucial que tomemos un momento para reflexionar sobre cómo deseamos que continúe.

Nuestra psicología ha sido transformada

A medida que avanzábamos por esta senda, nuestra psicología también se transformaba. La inmediatez digital alimentó nuestra necesidad de gratificación instantánea. La dopamina liberada con cada "me gusta" o notificación nos hizo anhelar más, creando un ciclo de recompensa y ansiedad. Nuestras relaciones también sufrieron cambios: por un lado, la capacidad de mantenernos conectados con seres queridos a distancia, pero por el otro, una desconexión de las interacciones cara a cara, a menudo relegadas por conversaciones digitales.

A nivel de estilo de vida, la línea entre trabajo y hogar se volvió borrosa, con correos electrónicos y tareas laborales infiltrándose en nuestros momentos de descanso. Al mismo tiempo, la sobrecarga de información nos dejó sintiendo que estábamos en un constante estado de FOMO (Fear Of Missing Out, o "miedo a perderse algo").

Reflexionando sobre esta evolución, es evidente que no es simplemente la tecnología en sí lo que nos ha llevado a este punto de dependencia, sino nuestra relación con ella. Nos encontramos en una encrucijada donde es esencial reconocer y entender cómo hemos llegado aquí, para poder trazar un camino hacia un futuro donde coexistamos armoniosamente con la tecnología, sin que esta nos domine.

Historia breve de las tecnologías y su impacto en la vida cotidiana.

Desde el albor de la humanidad, la tecnología ha sido una compañera constante, moldeando y definiendo nuestra existencia en el tapeiz del tiempo. Cada era ha sido marcada por invenciones que han transformado nuestra relación con el mundo, y a través de este viaje, es evidente cómo cada avance tecnológico ha reconfigurado nuestra vida cotidiana.

Las primeras sociedades nómadas encontraron en la invención de herramientas rudimentarias, como el arco y la flecha, no solo una forma de mejorar la caza, sino también de redefinir su relación con el entorno y con otras tribus. La invención de la rueda no solo revolucionó el transporte, sino que facilitó el intercambio de bienes y culturas, abriendo caminos hacia nuevas posibilidades y horizontes.

Con el advenimiento de la escritura, la humanidad dio un salto cualitativo en su evolución. Ya no estábamos limitados a la memoria oral; ahora podíamos registrar, documentar y transmitir conocimientos y historias de generación en generación. Las civilizaciones florecieron con sistemas complejos de administración, religión y arte, todos alimentados por esta capacidad de registrar y compartir información.

La Revolución Industrial del siglo XIX representó otro momento crítico en nuestra relación con la tecnología. La máquina de vapor, el telégrafo, la electricidad, y posteriormente el teléfono, transformaron la vida cotidiana, acelerando la producción y la comunicación. Las ciudades crecieron, y con ellas, nuevos desafíos y oportunidades. La jornada laboral se definió al ritmo de las fábricas, y la vida urbana comenzó a delinearse en torno a estos centros industriales.

Sin embargo, fue en el siglo XX cuando la tecnología comenzó a influir en casi todos los aspectos de la vida cotidiana a una escala sin precedentes. La invención de la radio y la televisión cambió la forma en que consumimos información y entretenimiento. El automóvil personalizó el transporte, dándonos una libertad de movimiento inédita. Y, por supuesto, la llegada de la computación y, más tarde, del Internet, reconfiguró nuestras vidas de formas que aún estamos procesando.

El mundo digital del siglo XXI, marcado por smartphones, redes sociales y una conectividad omnipresente, es el último capítulo de esta historia en constante evolución. Estas tecnologías han alterado la forma en que trabajamos, jugamos, amamos y nos relacionamos con los demás. Nos encontramos en un punto de inflexión, donde el tejido mismo de nuestra sociedad está siendo redefinido por estos dispositivos y plataformas.

Al mirar hacia atrás en esta breve historia de la tecnología, es evidente que, aunque cada invención ha traído consigo desafíos y preocupaciones, también ha abierto puertas a nuevas oportunidades y perspectivas. En cada era, la humanidad ha tenido que aprender a adaptarse, a entender y a integrar estas herramientas en la vida cotidiana, buscando siempre un equilibrio entre el progreso y la preservación de lo que nos hace esencialmente humanos.

La historia de la humanidad y la tecnología ha sido una danza constante de adaptación, resistencia y avance. Desde los primeros artefactos de piedra hasta la computación cuántica, cada nueva herramienta nos ha presentado dilemas y decisiones. ¿Cómo incorporamos esta nueva capacidad sin perder nuestra esencia? ¿Cómo mantenemos un pie en la tradición mientras el otro avanza hacia lo desconocido?

Por ejemplo, la invención de la imprenta en el siglo XV no solo revolucionó la producción de libros, sino que también desencadenó debates sobre el acceso a la información, la autoridad de las fuentes y el poder del conocimiento. En ese momento, muchas voces temían que la facilidad de acceso a los libros debilitaría la tradición oral y la memorización, habilidades esenciales de la época. Sin embargo, con el tiempo, la sociedad encontró un equilibrio, integrando la lectura impresa en la cultura y aprovechando sus beneficios mientras mantenía otras tradiciones.

De manera similar, la llegada del automóvil en el siglo XX fue recibida con escepticismo por algunos y con entusiasmo por otros. Los puristas argumentaban que los coches desplazarían a los caballos y destruirían el encanto de los viajes lentos y reflexivos. Y aunque es cierto que el automóvil cambió radicalmente nuestra relación con el espacio y el tiempo, también nos proporcionó una libertad y una movilidad sin precedentes, abriendo puertas a oportunidades y conexiones que antes eran inimaginables.

Estas reflexiones nos llevan al corazón de la relación entre humanidad y tecnología: un equilibrio entre la innovación y la conservación. Es cierto que con cada nuevo avance, algo se pierde. Pero también se gana algo, a menudo algo inesperado y transformador. La clave reside en nuestra capacidad para abrazar el cambio sin perder de vista lo que nos hace únicos y humanos.

Hoy, en la era digital, nos encontramos nuevamente en una encrucijada. Las redes sociales, la inteligencia artificial y la realidad virtual son solo algunas de las herramientas que desafían nuestras nociones tradicionales de interacción, identidad y realidad. Sin embargo, al igual que en eras anteriores, el desafío no es rechazar estas herramientas, sino aprender a integrarlas de manera que enriquezcan y no diluyan nuestra humanidad. Es un viaje de descubrimiento y adaptación, uno que nos invita a rediseñar continuamente el mapa de lo que significa ser humano en un mundo en constante cambio.

Del lápiz y papel al smartphone: Cambios en las prácticas de memoria.

Nuestra relación con la memoria ha experimentado cambios profundos y significativos a lo largo de las décadas, y quizás no haya mejor manera de ilustrar esto que trazando el viaje desde el lápiz y papel hasta el smartphone. Durante siglos, el acto de escribir a mano, de plasmar pensamientos, recuerdos y observaciones en papel, fue una práctica meditativa y reflexiva. El acto de escribir no solo requería un esfuerzo físico y mental, sino que también favorecía la consolidación de la memoria, la introspección y la contemplación.

El diario personal, las cartas manuscritas y las notas marginales en los libros eran testimonios tangibles de nuestros procesos de pensamiento y emociones. Estos artefactos escritos actúan como extensiones de nuestra memoria, permitiéndonos revisitar momentos pasados, reflexionar sobre ellos y aprender de nuestras experiencias anteriores. La pausa que conlleva escribir a mano permitía un nivel más profundo de procesamiento, conectando la información de manera más sólida en nuestras mentes.

Con la llegada de la era digital y, específicamente, del smartphone, la dinámica cambió drásticamente. Hoy en día, la capacidad de tomar notas, capturar momentos y almacenar información está literalmente al alcance de nuestra mano. El smartphone se ha convertido en una extensión de nuestro cerebro, un dispositivo externo en el que confiamos para recordar fechas, eventos, números y mucho más. Si bien esto ha traído consigo innumerables conveniencias y ventajas, como la capacidad de almacenar y recuperar vastas cantidades de información con un simple toque, también ha planteado preguntas sobre cómo estas prácticas afectan nuestra memoria innata.

Algunos argumentan que nuestra dependencia de la tecnología ha llevado a un "efecto Google", donde confiamos más en buscar información en línea que en recordarla. Esta externalización de la memoria podría, en teoría, liberar recursos cognitivos para otras tareas. Sin embargo, también existe la preocupación de que, al no ejercitar nuestra memoria como lo hacíamos antes, podríamos estar perdiendo la capacidad de retener y procesar información de manera profunda.

El "efecto Google" es un término que se ha acuñado en la era digital para describir nuestra creciente tendencia a depender de motores de búsqueda, especialmente Google, como una extensión de nuestra memoria cognitiva. En lugar de recordar detalles, datos o información, nos hemos acostumbrado a simplemente buscarlos cuando los necesitamos. A primera vista, esto podría verse como una adaptación lógica a un mundo donde la información está siempre al alcance de la mano. ¿Por qué ocupar espacio en nuestra memoria con datos efímeros cuando podemos acceder a ellos en segundos a través de nuestro dispositivo más cercano?

Desde un punto de vista pragmático, esta externalización de la memoria nos permite liberar recursos cognitivos. Ya no necesitamos recordar una lista infinita de hechos o datos; en cambio, podemos dedicar más tiempo y energía a procesar, analizar y reflexionar sobre la información. Podría decirse que estamos evolucionando hacia un tipo de inteligencia más analítica y menos basada en la retención de información.

Sin embargo, esta transformación no viene sin sus dilemas. La memoria no es simplemente un almacén de datos; es una habilidad que, al igual que cualquier otro músculo o capacidad, requiere ejercicio regular para mantenerse en forma. Al depender excesivamente de la tecnología para recordar por nosotros, corremos el riesgo de atrofiar esta habilidad vital. La retención y recuperación de información son procesos que fortalecen las conexiones neuronales y fomentan una mente ágil y resiliente.

Además, la memoria está intrínsecamente ligada a nuestra identidad y experiencia personal. Los recuerdos, las historias y la información que conservamos no son meros datos; forman la base de nuestras narrativas personales, nuestras perspectivas y nuestra comprensión del mundo. Al externalizar demasiado esta función, podríamos estar perdiendo algo esencial de nuestra humanidad: la capacidad de tejer historias y significados a partir de lo que recordamos.

En conclusión, mientras navegamos por esta era digital, es crucial encontrar un equilibrio. Si bien las herramientas tecnológicas pueden ser aliadas poderosas para acceder y procesar información, también debemos ser conscientes de nutrir y ejercitar nuestra memoria innata, reconociendo su valor no solo como un almacén de datos, sino como un pilar central de nuestra experiencia humana.

En última instancia, lo que está claro es que la forma en que interactuamos y nos relacionamos con la memoria está en un estado de flujo constante, evolucionando junto con las herramientas que utilizamos.

En este viaje desde el lápiz y papel hasta el smartphone, es esencial que seamos conscientes de cómo las herramientas modernas están reconfigurando nuestras prácticas de memoria y que tomemos medidas para garantizar que, en medio de esta revolución digital, no perdamos la esencia de lo que significa recordar y ser humanos.

Hasta el smartphone, que ha compactado el mundo en la palma de nuestras manos, hemos sido testigos de una evolución vertiginosa en la forma en que interactuamos con la información y cómo la recordamos.

Antaño, el acto de escribir era una práctica deliberada y reflexiva. El roce de la punta del lápiz contra el papel requería tiempo y atención, obligándonos a procesar la información de manera profunda. Cada palabra escrita, cada nota tomada, era un testimonio de nuestra capacidad para retener y valorar momentos, ideas y sentimientos. La memoria, en este contexto, era una destreza cultivada, nutrida con esfuerzo y dedicación.

Sin embargo, con la llegada de la era digital y el smartphone, hemos entrado en un territorio inexplorado. Estos dispositivos, con su capacidad para almacenar, recuperar y presentar información a una velocidad vertiginosa, nos han brindado comodidades sin precedentes. Pero, al mismo tiempo, han transformado sutilmente nuestra relación con la memoria. Ya no necesitamos recordar números de teléfono, fechas de cumpleaños o incluso direcciones, porque confiamos en que nuestra tecnología lo hará por nosotros. En muchos aspectos, hemos externalizado nuestra memoria, relegando a estos dispositivos la responsabilidad de recordar.

Esta reconfiguración de nuestras prácticas de memoria plantea interrogantes cruciales sobre el impacto a largo plazo en nuestra cognición y nuestra identidad. Si la memoria es un reflejo de nuestra historia y experiencia, ¿qué significa para nuestra humanidad cuando esa memoria es mediada, o incluso dictada, por máquinas?

Por ello, en este viaje tecnológico, es imperativo hacer una pausa y reflexionar. Aunque la tecnología nos ofrece maravillosas ventajas, también es esencial que reconozcamos sus limitaciones y potenciales desafíos. Es vital que tomemos medidas conscientes para mantener una relación saludable con nuestros dispositivos y asegurarnos de que, en nuestro entusiasmo por abrazar lo nuevo, no dejemos atrás lo que nos hace fundamentalmente humanos: nuestra capacidad para recordar, sentir, reflexionar y conectar con el mundo y con nosotros mismos de formas auténticas y significativas.

Capítulo 3

Impacto de la dependencia digital en el cerebro

El cerebro humano, ese órgano prodigioso y enigmático, ha sido modelado y remodelado por miles de años de evolución. Ha sido testigo y protagonista de cada etapa de nuestra historia, adaptándose a los cambios y desafíos que la vida ha presentado. Y ahora, en el amanecer del siglo XXI, se enfrenta a una nueva frontera: la era digital. Pero, ¿qué ocurre en las intrincadas redes neuronales de nuestro cerebro cuando nos sumergimos en el océano de la dependencia digital?

A primera vista, los beneficios parecen claros. Nuestro acceso a información es prácticamente ilimitado, nuestras habilidades multitarea se han agudizado y la velocidad con la que procesamos datos es inigualable. Sin embargo, como con todo, la moneda tiene dos caras. Mientras por un lado vemos una expansión en ciertas capacidades cognitivas, por otro, emergen preocupaciones sobre cómo esta inmersión digital podría estar afectando otras áreas fundamentales de nuestra neurología.

Diversos estudios han comenzado a ilustrar que nuestra constante interacción con dispositivos digitales puede estar reconfigurando la estructura y función de nuestro cerebro. Por ejemplo, la omnipresencia de las redes sociales y las notificaciones instantáneas han correlacionado con una reducción en la capacidad de atención sostenida. Estamos constantemente en alerta, esperando el siguiente ping, lo que puede generar una especie de "neurosis de notificación", disminuyendo nuestra capacidad para concentrarnos en tareas a largo plazo.

Además, la sobreexposición a la luz azul de las pantallas, especialmente antes de dormir, puede alterar nuestros ritmos circadianos, afectando la calidad del sueño y, por ende, la consolidación de la memoria y el rendimiento cognitivo general.

Pero quizás uno de los impactos más significativos y menos discutidos es cómo la dependencia digital puede estar erosionando nuestra capacidad para la reflexión profunda y el pensamiento crítico. En un mundo donde la respuesta a casi cualquier pregunta está a solo un clic de distancia, corremos el riesgo de convertirnos en consumidores pasivos de información, en lugar de participantes activos en el proceso de aprendizaje y comprensión.

Sin embargo, es esencial no caer en alarmismos. El cerebro es notablemente plástico y adaptable. Así como ha enfrentado desafíos en el pasado, tiene la capacidad de enfrentar y adaptarse a este nuevo entorno digital. La clave radica en el equilibrio y en ser conscientes de nuestros hábitos digitales.

En este capítulo, exploramos en detalle las diversas formas en que la dependencia digital está afectando nuestro cerebro, desde las sinapsis microscópicas hasta las capacidades cognitivas más amplias. Analizaremos las investigaciones más recientes, los desafíos que enfrentamos y, lo más importante, cómo podemos navegar este paisaje digital de manera que beneficiemos y protejamos nuestro bienestar cerebral. Porque en este mar de interconexiones digitales, es vital recordar que la conexión más valiosa es la que ocurre dentro de nuestra propia mente.

Cómo la constante exposición a dispositivos afecta la neuroplasticidad.

La neuroplasticidad, el prodigioso mecanismo que permite a nuestro cerebro adaptarse y cambiar en respuesta a nuevas experiencias, ha sido un tema de fascinación y estudio durante décadas. Este fenómeno revela cómo las neuronas pueden formar nuevas conexiones y reconfigurarse según las demandas de nuestro entorno y estilo de vida. En el contexto de nuestra relación actual con los dispositivos digitales, esta capacidad del cerebro adquiere una relevancia especial.

La constante exposición a dispositivos ha creado un ambiente en el que nuestro cerebro se ve continuamente estimulado. Las pantallas ofrecen un desfile incesante de imágenes, sonidos, textos y videos que solicitan nuestra atención. En respuesta a esta avalancha de estímulos, las áreas cerebrales involucradas en la atención, el procesamiento de información visual y auditiva y la toma de decisiones están continuamente activas. Esta activación constante puede potenciar la plasticidad en estas áreas, fortaleciendo ciertas conexiones neuronales mientras debilita otras.

Uno de los efectos más notables es el cambio en nuestra capacidad de atención. Dado que los dispositivos a menudo nos presentan información de manera fragmentada y rápida, nuestros cerebros se han adaptado para procesar datos en ráfagas cortas. Esto puede mejorar nuestra capacidad para el multitarea y la atención dividida, pero al mismo tiempo, podría estar comprometiendo nuestra habilidad para la atención sostenida y la concentración profunda. Las conexiones neuronales que antes se fortalecían mediante la lectura prolongada, la reflexión o la contemplación podrían estar siendo marginadas en favor de conexiones más rápidas y reactivas.

Además, la gratificación inmediata que los dispositivos ofrecen, ya sea a través de likes, comentarios o notificaciones, puede estar influyendo en los sistemas de recompensa de nuestro cerebro. Se ha observado que esta constante corriente de gratificaciones instantáneas puede alterar la liberación y sensibilidad a neurotransmisores como la dopamina, potencialmente modificando cómo valoramos y buscamos recompensas en otros aspectos de nuestra vida.

Sin embargo, no todo es sombrío. La neuroplasticidad también significa que nuestro cerebro tiene la capacidad de adaptarse y recuperarse. Algunas investigaciones sugieren que el uso dirigido y consciente de la tecnología puede potenciar habilidades cognitivas, como el procesamiento de información visual o la coordinación mano-ojo.

Además, herramientas digitales diseñadas específicamente para el entrenamiento cerebral pueden promover la plasticidad en áreas deseables, ofreciendo un equilibrio entre la demanda digital y la salud cerebral.

La neuroplasticidad emerge como una característica distintiva de nuestra capacidad cerebral, una luz de esperanza que ilumina el potencial para el cambio y la adaptación. Esta intrínseca capacidad del cerebro para reconfigurarse, para formar nuevas conexiones y adaptarse a nuevos entornos, significa que no estamos destinados a ser prisioneros de nuestros hábitos ni de las circunstancias que nos rodean. Más bien, tenemos la facultad de moldear y remodelar nuestra estructura cerebral a lo largo de toda nuestra vida.

Tomemos, por ejemplo, el impacto de la tecnología en nuestra vida diaria. A primera vista, puede parecer que la dependencia de dispositivos y la constante exposición a estímulos digitales están ejerciendo una presión indeseable sobre nuestra mente. Sin embargo, si nos adentramos en las complejidades de la relación entre tecnología y cerebro, encontramos un panorama más matizado.

Investigaciones recientes han comenzado a desvelar cómo un uso intencionado y consciente de la tecnología puede, en realidad, ser beneficioso para nuestras habilidades cognitivas. Por ejemplo, aquellos que se dedican a tareas que requieren un procesamiento visual intenso, como los videojuegos de acción, han demostrado mejoras en habilidades como la atención visual y la capacidad de rastrear varios objetos al mismo tiempo. Del mismo modo, aplicaciones y juegos que requieren precisión y coordinación mano-ojo pueden mejorar estas habilidades, reflejando cómo nuestro cerebro se adapta y responde a los desafíos específicos que enfrenta.

A su vez, el auge de las herramientas digitales diseñadas específicamente para el entrenamiento cerebral nos brinda nuevas vías para potenciar nuestra neuroplasticidad. Estas aplicaciones y plataformas, basadas en principios de la neurociencia, tienen como objetivo ejercitar diferentes áreas del cerebro, promoviendo la formación de nuevas conexiones y fortaleciendo las ya existentes. Ya sea para mejorar la memoria, la atención o la capacidad de resolución de problemas, estas herramientas nos ofrecen una forma proactiva de interactuar con la tecnología, priorizando nuestra salud cerebral y bienestar cognitivo.

Por lo tanto, aunque vivimos en una era de omnipresencia digital, no estamos desamparados ante sus efectos. Con el conocimiento adecuado y una actitud proactiva, podemos navegar por este mundo tecnológico asegurándonos de que cada click, cada deslizamiento y cada interacción digital no solo satisfaga nuestras necesidades inmediatas, sino que también enriquezca y fortalezca la extraordinaria maquinaria de nuestro cerebro.

Mientras que la exposición constante a dispositivos está indudablemente moldeando la plasticidad de nuestro cerebro de formas inéditas, también nos brinda la oportunidad de ser arquitectos de nuestra neurología. Con una comprensión y un enfoque consciente hacia nuestro consumo digital, podemos guiar a nuestro cerebro a través de este paisaje en constante evolución, asegurando que siga siendo un órgano robusto, adaptable y plenamente humano

Cambios en las capacidades cognitivas: memoria, atención, y capacidad de análisis.

Mientras nos sumergimos en las profundidades de la era digital, nuestras capacidades cognitivas, esos pilares fundamentales del pensamiento humano, se encuentran en constante evolución. Estos cambios, a menudo moldeados por la omnipresencia de la tecnología, han llevado a una transformación en la manera en que recordamos, nos concentramos y analizamos la información que nos rodea.

Comencemos con la memoria. Antes, en una época donde los dispositivos no dominaban cada rincón de nuestra vida, confiábamos en nuestra memoria para recordar fechas, números de teléfono, y nombres. Ahora, con la inmediatez del acceso a la información, nuestro cerebro ha empezado a externalizar estos recuerdos. ¿Para qué recordar una fecha específica o un dato si podemos encontrarlo en segundos en línea? Este fenómeno, a veces referido como el "efecto Google", ha llevado a una memoria más "transaccional", donde confiamos en la tecnología como un almacén de información externo. Si bien esto libera recursos cognitivos, también plantea preocupaciones sobre la pérdida de la capacidad de retención y recuerdo profundo.

Luego, está la atención. En un mundo de notificaciones constantes, publicaciones en redes sociales y flujos ininterrumpidos de información, nuestra atención se ha fragmentado.

Saltamos de una tarea a otra, a menudo sin profundizar o completar ninguna. Esta modalidad multitarea, aunque puede parecer eficiente en la superficie, a menudo diluye nuestra capacidad de concentrarnos plenamente en una tarea. Los estudios sugieren que la multitarea digital puede llevar a una reducción en la productividad y a una comprensión superficial, en lugar de profunda.

Finalmente, analicemos la capacidad de análisis. Ante la vastedad del océano digital de información, uno podría pensar que estamos mejor equipados para analizar y sintetizar datos.

Y en muchos casos, es verdad. Sin embargo, la facilidad con la que se accede a la información y la avalancha de contenidos a menudo nos llevan a consumir sin cuestionar. En lugar de analizar críticamente, muchos simplemente aceptan lo que leen o ven en línea. Esta falta de pensamiento crítico puede limitar nuestra capacidad de discernir entre información válida y desinformación.

No obstante, aunque estos cambios plantean desafíos, también ofrecen oportunidades. Reconociendo y entendiendo estos impactos, podemos tomar medidas proactivas para fortalecer nuestras capacidades cognitivas, aprovechar las ventajas de la tecnología y, al mismo tiempo, preservar la riqueza y

profundidad de nuestra experiencia humana
en esta era digital.

Capítulo 4

Síntomas y señales de alerta

Es fundamental ser capaces de identificar aquellos síntomas y señales de alerta que indican que nuestra relación con la tecnología podría estar desviándose hacia un terreno menos saludable. Si bien la tecnología, en su esencia, es una herramienta diseñada para mejorar y facilitar nuestras vidas, la línea entre un uso beneficioso y una dependencia perjudicial puede ser sutil. A medida que avanzamos en este capítulo, exploraremos los signos que sugieren que nuestra relación con los dispositivos y plataformas digitales necesita una revisión.

Uno de los primeros síntomas evidentes es el aumento del tiempo de pantalla. Si encuentras que tus horas dedicadas a dispositivos han aumentado drásticamente sin una razón aparente o si sientes que no puedes pasar un momento sin revisar tu teléfono, incluso en situaciones sociales o durante actividades importantes, es posible que estés frente a una señal de alerta.

Otro indicador es la ansiedad relacionada con la tecnología. Esta puede manifestarse como una preocupación constante por perderse algo (FOMO, por sus siglas en inglés) o una sensación de incomodidad o inquietud cuando no se tiene acceso a un dispositivo. Además, si el mero pensamiento de estar desconectado o lejos de la tecnología causa estrés, es momento de reflexionar sobre la relación que mantenemos con ella.

La interferencia en las actividades diarias es otra señal clara. Si te descubres postergando tareas, ignorando responsabilidades o evitando interacciones sociales para permanecer en línea, es probable que la dependencia digital esté afectando tu funcionamiento diario. Del mismo modo, si las interacciones digitales comienzan a reemplazar las conexiones humanas auténticas y te sientes más cómodo detrás de una pantalla que en una conversación cara a cara, es esencial ser consciente de esta dinámica.

La irritabilidad o frustración cuando se interrumpe el uso de un dispositivo también es una señal reveladora. Si te encuentras reaccionando de manera exagerada o defensiva cuando alguien te sugiere que pases menos tiempo en línea o si sientes que nadie entiende tu "necesidad" de estar conectado, puede ser un indicativo de una relación desequilibrada con la tecnología.

Estos son solo algunos de los síntomas y señales de alerta asociados con la dependencia digital. Sin embargo, es vital recordar que cada persona es única, y lo que podría ser un uso excesivo para uno podría ser moderado para otro. Lo importante es desarrollar una conciencia y un entendimiento personal sobre cómo la tecnología afecta nuestra vida y bienestar, permitiéndonos actuar y hacer ajustes cuando sea necesario.

Olvido frecuente de información básica.

En la confluencia del río digital que navega a través de nuestras vidas, uno de los afluentes más reveladores es el olvido frecuente de información básica. Este síntoma, aparentemente trivial en la superficie, puede ser un indicador profundo de cómo nuestra relación con la tecnología está reconfigurando nuestra capacidad para retener y acceder a datos esenciales.

Pensemos en las pequeñas cosas: números de teléfono, fechas de cumpleaños, direcciones. En décadas pasadas, estas piezas de información eran almacenadas en nuestra memoria, a menudo reforzadas por la repetición y el uso diario. Sin embargo, en la era moderna, con smartphones al alcance de la mano y aplicaciones diseñadas para recordarnos incluso las tareas más mundanas, muchos encuentran que ya no recuerdan estos datos básicos. ¿Por qué molestarse en recordar un número de teléfono si está almacenado en nuestro dispositivo? ¿Para qué recordar una fecha de cumpleaños si las redes sociales nos avisarán?

A primera vista, externalizar esta información puede parecer inofensivo, e incluso eficiente. Sin embargo, el olvido frecuente de datos básicos puede ser una señal de alerta de que estamos relegando demasiado a nuestros dispositivos digitales, y en el proceso, erosionando nuestra propia capacidad cognitiva. Es como un músculo que no se ejercita; con el tiempo, puede atrofiarse.

Más allá del olvido de datos tangibles, esta tendencia también puede manifestarse en la incapacidad para recordar conversaciones recientes, nombres de personas que acabamos de conocer o incluso detalles sobre eventos recientes en nuestras vidas. Si bien todos experimentamos lapsos ocasionales de memoria, una frecuencia creciente de estos episodios podría indicar una dependencia excesiva de dispositivos y una disminución en nuestra capacidad para estar presentes y atentos.

Nuestra mente, moldeada por el constante flujo de información y la omnipresencia de dispositivos digitales, se ha convertido en un terreno en constante cambio. En este contexto, los olvidos no se limitan solo a datos concretos, sino que se extienden a aspectos más intrínsecos de nuestras interacciones y experiencias diarias. Es como si, al estar constantemente conectados al mundo digital, partes de nuestras vivencias reales se volvieran etéreas, desvaneciéndose en la vastedad de nuestro espacio mental.

Imagina un encuentro casual con un viejo amigo en un café. Mientras conversas, tu smartphone vibra repetidamente con notificaciones. Aunque crees estar prestando atención a la conversación, tu mente divaga entre lo que tu amigo dice y la curiosidad de saber qué sucede en el mundo digital. Días después, te das cuenta de que, si bien recuerdas haber visto a tu amigo, los detalles específicos de la conversación se han esfumado. Este es un ejemplo de cómo la constante interrupción digital puede fragmentar nuestra atención y comprometer nuestra capacidad de retención.

Además, la introducción de nuevos rostros y nombres en eventos sociales o reuniones de trabajo también puede verse afectada por esta división de atención. Aunque siempre ha sido un reto recordar el nombre de alguien al conocerlo por primera vez, en la era digital, con la tentación de revisar rápidamente un mensaje o una actualización, ese desafío se magnifica. Nuestra mente, dividida entre el mundo real y el virtual, puede no registrar adecuadamente la nueva información.

En esencia, vivimos en un equilibrio constante entre dos mundos, y esa dualidad puede hacer que nuestra capacidad de estar plenamente presentes en el momento actual se vea comprometida. Estas brechas en la memoria, estos lapsos que se manifiestan con mayor frecuencia, son como pequeñas alarmas que suenan, advirtiéndonos de que nuestra relación con la tecnología podría estar desequilibrada. La capacidad de estar atentos, de estar verdaderamente presentes, es uno de los regalos más preciosos del ser humano. En un mundo inundado de estímulos digitales, proteger y cultivar esa atención es más crucial que nunca.

El cerebro, en su maravillosa complejidad, se beneficia de ser desafiado y estimulado. Cuando comenzamos a depender demasiado de la tecnología para gestionar y recordar información básica, no solo estamos externalizando datos, sino también externalizando una parte de nuestra cognición y, en última instancia, de nuestra identidad. Ser conscientes de estos olvidos y comprenderlos como una señal de alerta nos permite tomar medidas proactivas, redescubriendo el valor de ejercitar nuestra memoria y reafirmar nuestra relación con la información que elegimos retener.

Baja tolerancia a la desconexión digital.

En la dinámica de nuestra sociedad hiperconectada, un síntoma preocupante ha emergido con claridad: la baja tolerancia a la desconexión digital. Esta manifestación se asemeja al ansia que puede sentir un navegante alejado del mar, un deseo incontrolable de volver a las aguas conocidas, en este caso, al flujo constante de datos e interacciones que nos ofrece el mundo digital.

La baja tolerancia a la desconexión no solo se evidencia en el impulso inmediato de revisar notificaciones al sentir la vibración del dispositivo o al escuchar el tono de un mensaje entrante. Va más allá. Es esa sensación incómoda, casi de desasosiego, que experimentamos cuando nos encontramos en un lugar sin acceso a internet o cuando, por alguna razón, nos vemos separados de nuestros dispositivos, aunque sea por un breve período. Para algunos, este sentimiento puede asemejarse al de estar incompleto, como si una parte esencial de ellos mismos estuviera ausente.

Esta intolerancia a la desconexión también puede manifestarse en situaciones cotidianas, como durante una comida en familia o una conversación cara a cara. Si bien físicamente estamos presentes, nuestra mente puede estar inquieta, con el deseo latente de regresar al ciberespacio, de reanudar esa conexión constante. Esta dependencia nos hace cuestionarnos: ¿hemos llegado a un punto en el que nos resulta más cómodo habitar en el mundo virtual que en el real?

Y es que la naturaleza omnipresente de la tecnología digital ha reconfigurado nuestra relación con el tiempo y el espacio. Antes, los momentos de pausa, reflexión o simplemente de "no hacer nada", eran más comunes y aceptados. Hoy, estos intersticios han sido invadidos por la tecnología, llenando cada segundo de estímulos, de actividad, de conexión.

Pero esta incapacidad de desconectar, este temor a perderse algo o a quedar al margen, también nos habla de una necesidad humana más profunda: la de pertenecer, de estar informados, de sentirnos parte de una comunidad global. Sin embargo, el precio que pagamos por este sentimiento de pertenencia continua puede ser alto. La tolerancia reducida a la desconexión nos advierte de la necesidad de reevaluar y reequilibrar nuestra relación con el mundo digital, de reencontrar ese espacio sagrado de silencio y presencia en el aquí y ahora. Es una llamada a recordar que, aunque la tecnología puede enriquecer nuestras vidas de innumerables maneras, nuestra esencia y bienestar no deben quedar subyugados por ella.

Disminución de habilidades de navegación espacial

La navegación espacial es una habilidad intrínsecamente humana que ha sido esencial para nuestra supervivencia y evolución a lo largo de los siglos. Desde los antiguos nómadas que se orientaban con las estrellas hasta los marinos que cruzaban océanos usando instrumentos de navegación rudimentarios, nuestra capacidad para entender y moverse a través de nuestro entorno ha sido fundamental. Sin embargo, en esta era de dependencia digital, estamos observando una sutil pero significativa erosión de estas habilidades.

Una señal clara es la creciente dependencia de las herramientas de navegación basadas en GPS disponibles en nuestros smartphones y dispositivos de navegación en vehículos. Si bien son increíblemente útiles y han revolucionado la forma en que viajamos, la dependencia exclusiva de estos dispositivos puede estar atrofiando nuestra capacidad natural para orientarnos. Atrás quedaron los días en que memorizábamos rutas, reconocíamos puntos de referencia o incluso leíamos mapas físicos para determinar nuestra ubicación o destino.

La disminución de las habilidades de navegación espacial no solo tiene consecuencias prácticas, como la posibilidad de sentirnos perdidos sin la ayuda de un dispositivo, sino que también puede tener repercusiones más profundas en nuestra cognición. Estudios han mostrado que la navegación y la memoria están íntimamente ligadas en el cerebro. La hipocampo, una región del cerebro crucial para la formación de la memoria, juega un papel esencial en la navegación espacial. Si dejamos de ejercitar esta parte del cerebro al depender exclusivamente del GPS, podríamos estar inadvertidamente impactando otras áreas de nuestra cognición.

Pero la noticia no es del todo sombría. Al igual que con otros síntomas de la dependencia digital, reconocer el problema es el primer paso para abordarlo. Se pueden tomar medidas activas para mejorar y mantener nuestras habilidades de navegación. Esto puede incluir prácticas simples como tratar de recordar y seguir rutas sin la ayuda del GPS, explorar nuevos lugares sin recurrir inmediatamente a la tecnología, o incluso actividades recreativas como el senderismo o la orientación, que nos obligan a conectarnos de nuevo con el espacio que nos rodea.

Es vital recordar que la tecnología debe servir como una herramienta que complementa y mejora nuestras habilidades, no que las reemplace por completo. Al tomar consciencia de esta disminución en nuestras habilidades de navegación espacial, podemos trabajar activamente para mantener un equilibrio, honrando tanto nuestras capacidades innatas como los beneficios que la tecnología moderna nos ofrece.

Capítulo 5

Consecuencias sociales y emocionales

El mundo digital en el que nos encontramos sumergidos ha traído consigo no sólo cambios cognitivos y comportamentales, sino también consecuencias profundas en el ámbito social y emocional. Estas repercusiones, como olas que se extienden por un estanque, han impactado la forma en que nos relacionamos, cómo nos sentimos y cómo comprendemos nuestra posición en el mundo.

En primer lugar, las redes sociales, a pesar de su promesa de conexión global, han cambiado la naturaleza misma de las interacciones humanas. Antes, las conversaciones cara a cara, las expresiones faciales y el lenguaje corporal eran esenciales para la comunicación. Ahora, nos encontramos "hablando" a través de mensajes de texto, emojis y comentarios, lo que a menudo diluye la riqueza y profundidad de la comunicación humana. Esto puede llevar a malentendidos, aislamiento e incluso a la sensación de soledad en medio de un mundo hiperconectado.

El deseo de validación a través de 'me gusta', comentarios y seguidores ha dado lugar a una nueva forma de comparación social. En este teatro digital, la vida de los demás puede parecer siempre más emocionante, exitosa o perfecta. Esto puede generar sentimientos de insuficiencia, envidia y ansiedad. Los individuos pueden comenzar a valorar su autoestima basándose en la aprobación digital, lo que es volátil y superficial.

Por otro lado, la sobrecarga de información y la constante avalancha de noticias, muchas veces negativas, nos exponen a estados emocionales fluctuantes. Las reacciones inmediatas, impulsivas y a veces virulentas ante cualquier estímulo digital están erosionando nuestra capacidad para la reflexión y la empatía.

También hay un lado más oscuro en el espectro de las consecuencias emocionales: el ciberacoso. Con la barrera del anonimato y la distancia física, las personas se sienten más empoderadas para herir, humillar o intimidar a otros, dejando cicatrices emocionales profundas en las víctimas.

No obstante, no todo es negativo. Las plataformas digitales también han permitido la creación de comunidades solidarias, han dado voz a los marginados y han sido herramientas para movimientos sociales positivos. Las personas encuentran apoyo en grupos en línea, aprenden de experiencias diversas y amplían su visión del mundo.

Sin embargo, al navegar por estas aguas digitales, es fundamental que seamos conscientes de las consecuencias sociales y emocionales inherentes a esta era. Al reconocer estos efectos, podemos tomar medidas activas para fortalecer nuestras conexiones humanas genuinas, proteger nuestra salud emocional y fomentar un ambiente digital más empático y consciente.

El papel de las redes sociales y la constante necesidad de validación.

La irrupción de las redes sociales en el escenario global ha transformado de manera radical la forma en que nos relacionamos, comunicamos y percibimos a nosotros mismos y al mundo que nos rodea. Estas plataformas, originalmente diseñadas para conectar y compartir, han evolucionado hasta convertirse en espacios complejos de interacción, donde la narrativa personal y colectiva se entrelaza, y donde la necesidad de validación ha tomado un papel preponderante.

Desde el momento en que publicamos una fotografía, un pensamiento o cualquier fragmento de nuestra vida en las redes, nos volvemos vulnerables al juicio y percepción de los demás. Cada "me gusta", comentario o compartido se convierte en una moneda de cambio simbólica que valida nuestra experiencia, nuestra imagen y, en un nivel más profundo, nuestra valía. Estas reacciones inmediatas se sienten como un refuerzo positivo, activando centros de recompensa en el cerebro y generando un ciclo de gratificación que nos impulsa a seguir compartiendo y buscando ese reconocimiento.

No obstante, este ciclo puede tener un filo peligroso. La necesidad constante de validación puede llevar a las personas a curar y manipular su vida en línea, mostrando solo los momentos más destacados o fabricados, creando una versión idealizada de su realidad.

Esta distorsión no solo genera presión sobre el individuo para mantener esa imagen, sino que también establece estándares poco realistas para los observadores, quienes pueden sentir que su propia vida no se compara favorablemente.

Además, la búsqueda de validación en las redes sociales puede eclipsar el valor de las relaciones y validaciones en el mundo real. Las conversaciones cara a cara, las risas compartidas y las conexiones humanas genuinas pueden parecer menos importantes o satisfactorias en comparación con la avalancha de reacciones digitales.

Es también preocupante cómo la falta de validación o la percepción de rechazo en estas plataformas puede afectar la autoestima y el bienestar emocional. Un comentario negativo, la falta de interacción o incluso la percepción de ser ignorado pueden llevar a sentimientos de inseguridad, ansiedad o desolación.

Es en ecosistema de las redes sociales donde las emociones humanas se encuentran amplificadas por la magnitud y la inmediatez de las interacciones. Si bien estas plataformas pueden ser espacios de celebración y afirmación, también son arenas donde nuestras vulnerabilidades pueden quedar expuestas al escrutinio y al juicio público. En este entorno, la falta de validación o la percepción de rechazo adquieren un peso significativo, a menudo desencadenando una serie de respuestas emocionales profundas.

Imagine publicar una parte de su vida, una opinión, una foto o cualquier reflexión personal, esperando una respuesta positiva de su comunidad en línea. Ahora, imagine que en lugar de la afirmación esperada, recibe un silencio ensordecedor o, peor aún, críticas. Este tipo de experiencias puede sembrar semillas de duda en la mente de un individuo. ¿No fue lo suficientemente bueno? ¿Hubo algo mal con lo que compartió? ¿O hay algo mal con él como persona?

La esencia del problema radica en que estas plataformas son espejos que reflejan no solo lo que queremos ver, sino también lo que tememos. Un comentario negativo puede resonar con las inseguridades internas, amplificando los miedos y las dudas que ya existen. Esta negatividad, ya sea percibida o real, puede conducir a una espiral de autocrítica y rumiación, dando lugar a sentimientos de inseguridad, ansiedad y desolación.

Además, la estructura misma de las redes sociales, con su énfasis en el conteo de "me gusta", seguidor y comentarios, perpetúa una métrica de valor basada en la popularidad y la aprobación. Cuando se depende demasiado de esta métrica, la autoestima puede volverse frágil y altamente susceptible a las fluctuaciones del mundo en línea.

Es crucial recordar que las redes sociales, por muy omnipresentes que sean en la vida moderna, son solo una representación fragmentada de la realidad. Las interacciones que ocurren allí, tanto positivas como negativas, no definen el valor intrínseco de un individuo. Sin embargo, en una era donde lo digital se siente a menudo más real que lo físico, es fácil olvidar esta distinción, y ahí radica el verdadero desafío: aprender a discernir, a protegerse y a nutrir el bienestar emocional en un mundo donde la validación puede parecer tan esquiva.

Con todo esto en mente, es vital que, mientras navegamos por el mundo de las redes sociales, mantengamos una perspectiva equilibrada.

Debemos recordar que estas plataformas son solo una faceta de la realidad y que nuestra valía no se mide por la cantidad de interacciones digitales que recibimos. Buscar un equilibrio entre la vida en línea y fuera de línea, y cultivar un sentido de identidad y autoestima que vaya más allá de las pantallas, es esencial en esta era digital.

Efectos en las relaciones interpersonales y la comunicación cara a cara

En un mundo interconectado por hilos invisibles de datos y señales digitales, nuestra forma de relacionarnos ha experimentado transformaciones profundas. Si bien la era digital ha facilitado la creación de conexiones a larga distancia y ha superado barreras geográficas, también ha planteado interrogantes sobre la calidad y profundidad de nuestras relaciones interpersonales en la era contemporánea.

Antes de la proliferación de la tecnología móvil y las redes sociales, las conversaciones cara a cara eran la piedra angular de nuestras interacciones. Estos encuentros proporcionaban un rico escenario de experiencias: la inflexión de una voz, el contacto visual, los matices de la expresión facial y el lenguaje corporal. Cada uno de estos elementos jugaba un papel vital en la construcción de la comprensión mutua y la empatía.

Sin embargo, con el auge de la comunicación digital, hemos comenzado a cambiar estos encuentros profundos y matizados por interacciones más breves y fragmentadas. Los mensajes de texto, los emojis y los comentarios en línea, por muy convenientes que sean, no pueden capturar plenamente la gama completa de emociones y matices humanos. Además, la facilidad con la que podemos "conectar" en línea a menudo da lugar a relaciones más superficiales, en las que la cantidad de conexiones puede eclipsar la calidad de las mismas.

Por otro lado, el uso constante de dispositivos en presencia de otros, como el acto de revisar el teléfono durante una comida o en medio de una conversación, ha creado barreras invisibles en nuestras interacciones. Estos actos, a menudo etiquetados como "phubbing" (desairar a alguien a favor de un teléfono móvil), pueden erosionar la confianza, reducir la empatía y generar sentimientos de aislamiento o desvalorización en aquellos que están siendo ignorados.

Por supuesto, no todo es desolador. Las tecnologías digitales también han brindado herramientas valiosas para mantenernos en contacto con seres queridos distantes, reencontrarnos con amigos perdidos y construir comunidades de apoyo. Pero lo que es innegable es que, en medio de esta maraña digital, debemos hacer un esfuerzo consciente para salvaguardar la calidad de nuestras relaciones.

La comunicación cara a cara, con su riqueza y profundidad, sigue siendo insustituible. Es esencial que, mientras navegamos por este paisaje digital, hagamos pausas, levantemos la vista de nuestras pantallas y reconectemos con el mundo y las personas a nuestro alrededor, recordando que en la simplicidad de una conversación genuina reside la esencia de nuestra humanidad compartida.

La comunicación cara a cara ha sido durante mucho tiempo el pilar fundamental de nuestras interacciones humanas. Es en esos momentos, cuando nuestros ojos se encuentran y nuestras voces resuenan en un espacio compartido, que realmente percibimos a la persona frente a nosotros. No solo escuchamos sus palabras, sino que también captamos las emociones que se esconden detrás de ellas, el ligero temblor en la voz que indica nerviosismo, o la chispa en los ojos que delata entusiasmo. Es un tipo de comunicación que va más allá de las palabras, arraigado en los matices, las pausas y las emociones.

Sin embargo, en una era dominada por las pantallas y las interacciones digitales, corremos el riesgo de olvidar la importancia y el valor de este tipo de conexión. Nos encontramos atrapados en un torbellino de notificaciones, mensajes instantáneos y actualizaciones, a menudo descuidando la profundidad y la autenticidad que solo se pueden encontrar en las conversaciones cara a cara.

A medida que nos adentramos más en el mundo digital, es crucial que recordemos hacer pausas conscientes. Puede ser tan simple como apagar el teléfono durante una comida, hacer un esfuerzo para hablar en persona en lugar de enviar un mensaje, o simplemente tomar un momento para disfrutar de una conversación sin distracciones.

Al levantar la vista de nuestras pantallas, no solo redescubrimos el mundo que nos rodea, sino que también nos reconectamos con las personas que son esenciales en nuestras vidas. Es en estos momentos genuinos, libres de la interferencia digital, donde realmente comprendemos y apreciamos la complejidad y belleza de la experiencia humana.

Por lo tanto, mientras abrazamos las maravillas de la tecnología y las infinitas posibilidades que nos brinda, no debemos olvidar que la esencia de nuestra humanidad reside en la capacidad de conectarnos profundamente los unos con los otros. La verdadera comunicación, aquella que nos toca el alma, se encuentra en la simplicidad de una sonrisa, una risa compartida, o una conversación sincera. Es ese hilo invisible, pero poderoso, que nos une a todos, trascendiendo la tecnología y recordándonos lo que realmente significa ser humano.

En el capítulo que sigue les registro algunas cosas que podemos hacer en aras de superar en lo posible esta Demencia Digital que estamos experimentando en estos tiempos.

Capítulo 6

Cómo superar la Demencia Digital

La llamada "Demencia Digital" se refiere al deterioro cognitivo que algunos expertos asocian con el uso excesivo y dependiente de dispositivos digitales. En el capítulo anterior, exploramos las profundas repercusiones de la dependencia digital en nuestras vidas, tanto en lo social como en lo emocional. Ahora, es esencial dirigir nuestra atención hacia cómo podemos superar esta creciente preocupación.

La clave para superar la Demencia Digital no es simplemente alejarnos de la tecnología, sino aprender a usarla de manera equilibrada y consciente.

Aquí hay algunas formas de superarla:

Establecer límites de tiempo: Dedica tiempo específico para el uso de dispositivos digitales y las redes sociales. Evita pasar largas horas frente a la pantalla.

Establecer límites de tiempo en nuestra interacción con dispositivos digitales y redes sociales es esencial para mantener un equilibrio saludable entre la vida virtual y la realidad. En una era donde la inmediatez y la conexión constante son la norma, es fácil caer en la trampa de la sobreexposición digital. La luz brillante de la pantalla, las notificaciones incesantes y el deseo de estar al tanto de todo pueden ser un cóctel embriagador, manteniéndonos pegados a nuestros dispositivos durante horas interminables.

El problema radica en que, si bien la tecnología nos proporciona innumerables beneficios, su consumo excesivo puede tener efectos negativos en nuestra salud, bienestar y calidad de vida. Largas horas frente a la pantalla pueden causar fatiga visual, trastornos del sueño y, en el peor de los casos, contribuir a condiciones como la demencia digital, donde nuestra capacidad cognitiva se ve afectada por el uso excesivo de la tecnología.

Dedicar tiempo específico para el uso de estos dispositivos es una estrategia que nos permite disfrutar de sus ventajas sin caer en la dependencia. Puede ser útil establecer alarmas o recordatorios que nos avisen cuándo es momento de desconectar. Otra práctica recomendada es designar ciertos momentos del día, como las comidas o la última hora antes de dormir, como tiempos libres de tecnología.

También es crucial recordar que el mundo fuera de nuestras pantallas está lleno de experiencias ricas y gratificantes. Sal a caminar, lee un libro, conversa con un amigo cara a cara. Estas actividades no solo nos brindan una pausa necesaria de la estimulación digital, sino que también nos reconectan con la esencia de la experiencia humana.

Evitar pasar largas horas frente a la pantalla no significa renunciar a la maravillosa conectividad y recursos que la tecnología nos ofrece. Más bien, se trata de una invitación a interactuar con ella de manera consciente y medida, reconociendo que, en la moderación, encontramos un camino hacia una vida digital y real más saludable y equilibrada.

Evitar pasar largas horas frente a la pantalla es, en realidad, un acto de autoconservación. Vivimos en una época dorada de la tecnología, con información y entretenimiento al alcance de nuestras manos como nunca antes en la historia. Sin embargo, el mismo dispositivo que nos permite explorar el vasto mundo del conocimiento también puede convertirse en una jaula dorada que nos atrapa en ciclos repetitivos de consumo pasivo y sobrecarga sensorial.

Tomemos un momento para reflexionar sobre la verdadera esencia de la tecnología. Su propósito fundamental es mejorar nuestra calidad de vida, proporcionando herramientas que nos ayuden a ser más eficientes, conectados y educados. No está diseñada para ser una cadena perpetua que nos sujete a una realidad virtual, desplazando nuestra vivencia del mundo real.

Interactuar con la tecnología de manera consciente implica reconocer su valor, pero también ser críticos con la forma en que la utilizamos. Es preguntarnos: ¿Estoy usando este dispositivo como una herramienta que me empodera o me estoy convirtiendo en un sirviente de sus demandas incesantes? Al buscar este equilibrio, somos más propensos a aprovechar lo mejor de ambos mundos: el digital y el tangible.

El ser humano tiene una capacidad innata para adaptarse, y la era digital no es una excepción. Pero esta adaptación debe ser guiada por un sentido de propósito y autoconciencia. En la moderación, no solo protegemos nuestra salud mental y física, sino que también cultivamos una relación más armoniosa con la tecnología, una que celebra sus avances sin perder de vista lo que verdaderamente importa: nuestra humanidad, nuestras conexiones y el rico escenario de experiencias que la vida nos ofrece más allá de la pantalla.

Desconexión periódica: Haz pausas digitales regulares durante el día. Apaga tu teléfono o computadora durante un tiempo para desconectar y relajarte.

La desconexión periódica no es simplemente un acto de alejarse de la tecnología, sino una reafirmación de nuestra autonomía en un mundo inundado de estímulos digitales. Imagina por un momento que nuestras mentes son como jardines. Al igual que un jardín requiere atención, cuidado y, de vez en cuando, un respiro del sol ardiente, nuestras mentes necesitan pausas de la constante lluvia de información y notificaciones.

Las pausas digitales son como esas sombras refrescantes en un día caluroso, proporcionando alivio y espacio para que nuestras mentes respiren, se reorganicen y rejuvenezcan. Apagar nuestro teléfono o computadora no es solo un acto físico, sino un ritual simbólico que nos recuerda que somos más que consumidores pasivos en el ciberespacio. Somos seres con la capacidad de elegir, de decidir cuándo conectarnos y cuándo reconectar con nuestro entorno inmediato.

Y, ¿qué maravillas nos esperan en esos momentos de desconexión? Quizás redescubramos el placer de una conversación sin distracciones, el susurro del viento entre los árboles, o simplemente el arte de estar presente, sintiendo el mundo con todos nuestros sentidos. Estos momentos de pausa y reflexión nos permiten recordar quiénes somos, reavivar nuestra curiosidad y fortalecer nuestra resiliencia emocional.

En un mundo que a menudo nos insta a estar siempre "en línea", elegir desconectarse es un acto de valentía y autoamor. Es reconocer que, aunque la tecnología puede enriquecer nuestras vidas de innumerables maneras, también necesitamos espacios donde nuestra esencia humana florezca sin interferencias, donde el ritmo lo dicta el latido de nuestro corazón y no el tic-tac de las notificaciones. Al abrazar estos momentos de calma y silencio, reafirmamos nuestro compromiso con una vida plena, equilibrada y auténtica.

Prioriza las relaciones en persona: Dedica tiempo de calidad a interactuar con amigos y familiares en persona en lugar de a través de dispositivos electrónicos.

En un mundo hiperconectado, donde las distancias se acortan con un clic y las interacciones virtuales se han vuelto la norma, parece que hemos olvidado el valor intrínseco y la calidez de las relaciones cara a cara. No hay nada comparable al placer de mirar a alguien a los ojos mientras conversas, de sentir la emoción en su voz, de percibir los matices de una sonrisa o de compartir un abrazo genuino. Estos encuentros físicos y emocionales tienen una profundidad que las interacciones digitales simplemente no pueden replicar.

Priorizar las relaciones en persona es una reivindicación del valor de la autenticidad y la presencia. Es reconocer que, a pesar de las maravillas de la tecnología, hay aspectos de la experiencia humana que son irremplazables. Al compartir tiempo de calidad con nuestros seres queridos, no sólo fortalecemos vínculos, sino que también nutrimos nuestra alma y bienestar emocional. En cada risa compartida, en cada anécdota relatada sin la interferencia de una pantalla, redescubrimos el tejido esencial de la comunidad y la pertenencia.

Esto no significa que debamos abandonar las herramientas digitales en nuestras relaciones. De hecho, estas pueden ser excelentes puentes de conexión, especialmente en tiempos de distancia o separación. Sin embargo, es fundamental recordar que la tecnología debe ser una extensión, y no un sustituto, de nuestras relaciones humanas.

Cuando optamos por apagar el dispositivo y dedicar un momento a escuchar a un amigo, jugar con un hijo o simplemente caminar con un ser querido, estamos eligiendo valorar el presente, el aquí y el ahora.

En un mundo donde el tiempo parece escurrirse entre notificaciones y actualizaciones, darle prioridad a las interacciones cara a cara es un recordatorio de lo que realmente importa. Es una oportunidad para anclarnos en lo tangible, en lo real, y para recordar que, a pesar de todos los avances y cambios, el corazón humano sigue anhelando conexiones auténticas y significativas.

Vivimos en una época en la que las alertas de nuestros dispositivos a menudo dictan el ritmo de nuestros días. Con cada sonido o vibración, nos sentimos impulsados a responder, como si cada mensaje o notificación fuera un llamado urgente al que debemos atender de inmediato. Pero, en medio de este torbellino de interacción digital, ¿cuántos de nosotros nos hemos detenido a reflexionar sobre lo que estamos sacrificando?

La esencia de la humanidad radica en su capacidad para conectarse, empatizar y compartir experiencias. A lo largo de la historia, las plazas de las ciudades, las reuniones familiares y los encuentros casuales han sido escenarios donde se tejen historias, se comparten risas y se construyen relaciones duraderas. Estos momentos, que se viven sin el filtro de una pantalla, nos ofrecen una riqueza y profundidad que las interacciones digitales simplemente no pueden capturar.

Cuando priorizamos las interacciones cara a cara, nos otorgamos el regalo de la presencia total. Es en estas conversaciones, libres de distracciones digitales, donde realmente escuchamos, donde el lenguaje corporal complementa las palabras y donde el simple acto de estar juntos cobra un significado especial. Estas conexiones genuinas nos recuerdan que, más allá de los "likes", los comentarios y las visualizaciones, lo que realmente ansiamos es ser vistos, escuchados y valorados por quienes somos.

La tecnología, con todas sus maravillas, nunca podrá replicar el calor de una mano amiga, la sinceridad de una mirada o el consuelo de un abrazo. Por ello, en medio de la vorágine digital que nos envuelve, es imperativo recordar la importancia de cultivar y valorar las conexiones humanas reales. Porque, aunque vivamos en un mundo cada vez más digitalizado, al final del día, es el latido del corazón humano y su capacidad para amar, comprender y conectar lo que realmente da sentido a nuestra existencia.

Practica la atención plena: La meditación y la atención plena pueden ayudarte a reducir la ansiedad digital y mejorar tu enfoque.

En la era digital en que nos encontramos, donde el ritmo acelerado de la vida y las constantes interrupciones amenazan con dispersar nuestra atención, la práctica de la atención plena emerge como un bálsamo para nuestra mente agitada. La atención plena, o mindfulness, no es simplemente una moda pasajera o una herramienta de bienestar; es un retorno a la esencia de nuestra experiencia humana, un recordatorio de la importancia de estar plenamente presentes en el momento actual.

Meditar y practicar la atención plena no significa desconectarse del mundo o rechazar la tecnología, sino aprender a usarla sin que nos domine. Es reconocer que, a pesar de las constantes demandas de nuestro entorno digital, poseemos el poder de elegir dónde dirigir nuestra atención. Al centrarnos en el aquí y ahora, nos permitimos experimentar la vida con una profundidad y riqueza que a menudo se pierde en la avalancha de notificaciones y tareas pendientes.

La meditación y la atención plena nos ofrecen un espacio de tranquilidad y reflexión. Al sentarnos en silencio, cerrar los ojos y centrarnos en nuestra respiración, podemos observar la naturaleza efímera de nuestros pensamientos y sentimientos, reconociendo que, al igual que las nubes en el cielo, vienen y van. Esta práctica nos brinda claridad y perspectiva, y nos recuerda que, más allá del ruido y la agitación del mundo digital, existe un núcleo de paz y serenidad en nuestro interior.

Además, la atención plena fortalece nuestra capacidad para enfocarnos y resistir distracciones. En un mundo donde la multitarea se ha convertido en la norma, y donde se espera que estemos disponibles y conectados en todo momento, aprender a estar plenamente presentes en una tarea o interacción a la vez es una habilidad invaluable.

Por último, al practicar la atención plena, cultivamos una relación más amable y compasiva con nosotros mismos. Reconocemos que, aunque a veces podamos sentirnos abrumados por la presión digital, merecemos momentos de descanso y cuidado. En esta pausa consciente, redescubrimos el placer de simplemente ser, recordando que nuestra valía no se mide por nuestra productividad o conectividad, sino por la riqueza de nuestras experiencias y la profundidad de nuestras conexiones humanas.

Administra las notificaciones: Desactiva las notificaciones innecesarias en tu teléfono y otras aplicaciones para reducir las distracciones.

En el tejido de nuestra vida digital, las notificaciones han surgido como hilos constantes que demandan nuestra atención, a menudo interrumpiendo momentos de concentración, reflexión o simple descanso. Como un suave tintineo o una vibración insistente, nos llaman, prometiendo novedades, actualizaciones o interacciones. Pero, a pesar de su aparente insignificancia, estas pequeñas alertas pueden tener un impacto profundo en nuestra capacidad para concentrarnos, ser productivos y, sobre todo, estar presentes en nuestras vidas.

La clave, entonces, reside no en eliminar completamente estas notificaciones, sino en administrarlas con inteligencia y discernimiento. Es esencial que seamos los dueños de nuestra atención y no permitamos que cada aplicación o plataforma decida por nosotros cuándo y cómo debemos ser interrumpidos. Desactivar las notificaciones innecesarias no es un acto de rechazo hacia la tecnología, sino una afirmación de nuestra autonomía en el espacio digital.

Al reducir el flujo constante de alertas, nos otorgamos el regalo del silencio y la calma. Permitimos que nuestra mente respire, se reoriente y se sumerja en tareas sin el temor constante de ser sacada de su enfoque. Ya no somos rehenes de la ansiedad que puede surgir al esperar la próxima notificación, liberando espacio mental para una mayor creatividad, reflexión y, en última instancia, bienestar.

El incesante zumbido de notificaciones ha creado una cacofonía moderna, una banda sonora constante de nuestra vida diaria que, a menudo, nos desconecta de nosotros mismos y de nuestro entorno. Este flujo constante, aunque inicialmente podría parecer como un puente hacia la conectividad y la información, a menudo actúa más como una barrera, interponiéndose entre nosotros y el momento presente.

El zumbido casi perpetuo de las alertas y las notificaciones ha transformado nuestras vidas en una sinfonía de interrupciones. Como las olas que rompen constantemente contra la orilla, estos pitidos y vibraciones demandan nuestra atención, desviándonos de nuestras tareas, pensamientos y emociones presentes. Cada zumbido es un reclamo, una súplica que dice: "Mírame, atiéndeme ahora". Y aunque muchas veces respondemos a ese llamado, nos vemos arrastrados fuera de nuestro centro, fuera del aquí y el ahora.

Pensamos en la tecnología como un facilitador, como un medio que nos acerca a otros, nos conecta con el mundo y nos da acceso a la vastedad de la información global. Y, en muchos sentidos, lo hace. Sin embargo, hay un costo oculto.

Esa misma herramienta que nos brinda conectividad también tiene el potencial de alejarnos de nuestra propia experiencia vital. La paradoja de nuestro tiempo es que mientras más conectados estamos digitalmente, más desconectados podemos sentirnos de nosotros mismos, de nuestros sentimientos y de las personas que están físicamente presentes.

Este continuo bombardeo digital puede hacernos sentir como si estuviéramos en el centro de una ciudad abarrotada, con carros bocinando, gente gritando y luces parpadeantes, todo compitiendo por nuestra atención. En ese ruido, es fácil perder de vista lo que realmente importa, es fácil olvidarse de uno mismo.

Por tanto, es crucial reconocer que, aunque las notificaciones pueden ser útiles, también pueden ser invasivas. Necesitamos reevaluar y repensar cómo interactuamos con nuestros dispositivos. Establecer límites, apagar notificaciones no esenciales, o simplemente darse un tiempo para desconectar puede ser la clave para reencontrarse con uno mismo y reconectar con el presente. Porque, al final del día, el momento más valioso es el ahora, y es nuestra elección decidir cómo y en qué lo invertimos.

Al decidir tomar una pausa y reducir estas alertas, estamos eligiendo mucho más que una simple desconexión digital; estamos eligiendo reconectarnos con nosotros mismos. Como un lago que recupera su calma después de la perturbación, nuestra mente encuentra espacio para serenarse y reenfocarse cuando no está siendo constantemente desviada por sonidos y vibraciones.

Este silencio, esta pausa que nos ofrecemos, es un bálsamo para nuestra mente saturada. Nos permite volver a centrarnos, a recordar y a priorizar lo que es esencialmente importante. Con menos interrupciones, es más probable que entremos en un estado de flujo, ese precioso espacio mental donde la creatividad y la concentración convergen, permitiendo un trabajo y reflexión más profundos.

Más allá de la eficiencia y la productividad, esta calma que cultivamos tiene repercusiones en nuestro bienestar general. Sin la sombra constante de la próxima alerta acechando en el fondo de nuestra conciencia, podemos liberarnos de la tiranía de la anticipación. La ansiedad que puede surgir al esperar el próximo pitido o vibración disminuye, permitiendo una mayor tranquilidad y presencia en nuestra vida cotidiana.

Entonces, al alejarnos intencionalmente de las constantes demandas de atención que la tecnología a menudo impone, no estamos rechazando el mundo moderno, sino redefiniendo nuestra relación con él. Estamos eligiendo vivir con intención, valorando la calidad de nuestra atención y las experiencias que realmente enriquecen nuestra vida. En este acto aparentemente simple de reducir las notificaciones, encontramos una puerta hacia una vida más reflexiva, creativa y, en última instancia, más conectada.

Pero, más allá de la concentración y la productividad, gestionar activamente nuestras notificaciones es también una forma de cuidado personal. Nos recuerda que es válido establecer límites en nuestra disponibilidad y que merecemos tiempos sin interrupciones, ya sea para trabajar en un proyecto, disfrutar de un libro o simplemente estar con nuestros seres queridos. En definitiva, al tomar el control de nuestras notificaciones, no solo mejoramos nuestra eficiencia, sino que también reafirmamos nuestro derecho a experiencias auténticas, ininterrumpidas y plenamente humanas en un mundo que a menudo parece exigir lo contrario.

Educa sobre el uso responsable: Aprende sobre la importancia de un uso responsable de la tecnología y comparte esta información con quienes te rodean.

La revolución digital, con todas sus maravillas, ha traído consigo un doble filo. Por un lado, vivimos en una era de acceso sin precedentes a la información, comunicación instantánea y herramientas que facilitan casi todos los aspectos de nuestra vida cotidiana. Por otro lado, enfrentamos una serie de desafíos nuevos y, a menudo, insidiosos relacionados con el uso excesivo y, en ocasiones, obsesivo de estos dispositivos y plataformas.

Educar sobre el uso responsable de la tecnología no es simplemente una opción, es una necesidad imperativa. Se trata de reconocer que, aunque estos dispositivos y plataformas han sido diseñados para captar y mantener nuestra atención, tenemos el poder y la responsabilidad de decidir cómo, cuándo y en qué medida los utilizamos. Más que nunca, es fundamental entender que nuestro tiempo y atención son valiosos, y que cederlos de manera indiscriminada a las demandas de la tecnología puede tener repercusiones en nuestra salud mental, física y emocional.

Pero, ¿qué significa realmente un uso responsable? Va más allá de simplemente limitar el tiempo frente a la pantalla o desactivar ciertas notificaciones. Se trata de una actitud consciente hacia nuestra interacción con la tecnología. Es preguntarse: "¿Esta herramienta o aplicación está mejorando mi vida o simplemente consumiendo mi tiempo?". Es discernir entre lo que es verdaderamente esencial y lo que es simplemente un ruido distractor.

Y una vez que comprendamos la importancia de esta postura, es esencial compartir ese conocimiento. Hablar con amigos, familiares, colegas y, especialmente, con las generaciones más jóvenes. A medida que los niños y adolescentes crecen en un mundo donde la tecnología es omnipresente, proporcionarles las herramientas y la educación para navegar por este paisaje digital de manera efectiva y saludable es fundamental.

En última instancia, un uso responsable de la tecnología se reduce a la autorreflexión y la toma de decisiones informadas. En un mundo inundado de estímulos digitales, es esencial recordar que tenemos la autonomía para decidir cómo deseamos que la tecnología enriquezca nuestras vidas, y no que la domine. Al educarnos a nosotros mismos y a quienes nos rodean, tomamos pasos firmes hacia un futuro donde la tecnología sirve a la humanidad, y no al revés.

Busca ayuda profesional: Si sientes que la "demencia digital" está afectando seriamente tu salud mental, considera buscar la ayuda de un profesional de la salud mental que pueda proporcionarte orientación y apoyo.

En la travesía que supone nuestra interacción con el mundo digital, es natural que algunos de nosotros nos sintamos abrumados o incluso atrapados en las redes de esta realidad omnipresente. La "demencia digital", con sus síntomas de olvido, distracción constante y ansiedad vinculada a la tecnología, no es simplemente una frase pasajera; es una realidad que muchos enfrentan en la era moderna. Y, como con cualquier desafío que afecte nuestra salud mental y emocional, hay momentos en los que enfrentarlo por nuestra cuenta no es suficiente.

Buscar ayuda profesional no es un signo de debilidad, sino más bien un acto de autoconciencia y valentía. Es reconocer que, en ocasiones, necesitamos la perspectiva y las habilidades de alguien capacitado para navegar por los mares turbulentos de nuestra psique. Un profesional de la salud mental, ya sea un psicólogo, psiquiatra o terapeuta, puede proporcionar herramientas y estrategias para afrontar y superar los desafíos que presenta la demencia digital. Pueden ayudarnos a identificar patrones de comportamiento, ofrecer técnicas de manejo del estrés y, lo más importante, proporcionar un espacio seguro para expresar y procesar nuestros sentimientos.

En el corazón de este consejo se encuentra un llamado a la autocompasión. Vivir en una era digital significa navegar por un territorio en gran parte desconocido para las generaciones anteriores. Los desafíos que enfrentamos son únicos, y es completamente válido sentirse desorientado o superado por ellos en momentos determinados. Pero no estamos solos en esta travesía. Al buscar ayuda profesional, damos un paso proactivo hacia la reconexión con nosotros mismos, fortaleciendo nuestra capacidad para enfrentar la demencia digital y, en última instancia, redefiniendo nuestra relación con la tecnología para que sea una fuente de empoderamiento y no de agobio.

En la dinámica acelerada de la vida moderna, es fácil sentirse atrapado en un torbellino de notificaciones, actualizaciones y conexiones digitales. Estas herramientas, diseñadas para facilitar la comunicación y el acceso a la información, pueden, paradójicamente, llevarnos a un estado de desconexión interna, donde la voz de nuestra esencia se ve silenciada por el ruido ensordecedor de la digitalización.

Optar por consultar a un profesional es un acto de introspección y autocuidado. Es un reconocimiento de que, aunque la tecnología puede ofrecer innumerables ventajas, también puede tener efectos secundarios no deseados en nuestra salud mental y emocional. Un profesional capacitado puede ayudarnos a navegar por este nuevo paisaje, proporcionando herramientas y estrategias para salvaguardar nuestra bienestar, establecer límites saludables y cultivar prácticas que nos centren en lo que realmente importa.

La demencia digital, con sus sutiles tentáculos, puede deslizarse en nuestras vidas casi sin que nos demos cuenta. Pero al tomar la decisión de buscar apoyo, estamos reafirmando nuestro compromiso no solo con nuestra salud mental, sino también con nuestra autenticidad y humanidad. Estamos eligiendo un camino de autoconocimiento y crecimiento, recordándonos que, en medio de la era digital, somos más que meros consumidores de información: somos seres complejos y multifacéticos, buscando equilibrio, significado y conexión en un mundo en constante cambio.

Recuerda que cada persona es diferente, por lo que es importante encontrar estrategias que funcionen mejor para ti en la lucha contra la demencia digital.

Redescubriendo Habilidades Olvidadas: El arte de la memoria y la atención en la era digital.

En esta era digital que vivimos hoy, donde las máquinas hacen cálculos en milisegundos y las búsquedas en internet nos ofrecen respuestas instantáneas, corremos el riesgo de olvidar las habilidades que una vez definieron la esencia de la experiencia humana. Entre estas destrezas, la memoria y la atención son joyas que han ido perdiendo su brillo, eclipsadas por la conveniencia y rapidez de nuestros dispositivos.

Sin embargo, la memoria y la atención no son simples herramientas para almacenar y centrarse en la información; son puertas de entrada a un mundo más rico y significativo. La memoria nos conecta con nuestro pasado, nos permite aprender de nuestras experiencias y forjar nuestra identidad. A través de ella, revivimos momentos preciados, aprendemos lecciones y tejemos las historias que contamos sobre nosotros mismos y el mundo que nos rodea.

La atención, por su parte, es la brújula que guía nuestra conciencia. Determina lo que consideramos relevante y lo que pasa desapercibido. En un mundo lleno de estímulos, donde cada anuncio, notificación o mensaje busca captar nuestra mirada, la capacidad de centrar nuestra atención se convierte en un acto revolucionario. Es una declaración de intenciones, una elección consciente sobre dónde depositar nuestra energía y tiempo.

Redescubrir estas habilidades en la era digital es más que una nostalgia por tiempos pasados; es un acto de resistencia y reafirmación. Se trata de reconocer que, aunque la tecnología puede enriquecer nuestras vidas de muchas maneras, no debe ser la única custodia de nuestras capacidades cognitivas. Podemos y debemos retomar el control, practicar el arte de recordar conscientemente y elegir dónde centrar nuestra atención.

Por supuesto, este redescubrimiento no implica abandonar la tecnología, sino integrarla de manera que potencie, en lugar de suplantar, nuestras habilidades innatas. Significa usar aplicaciones y plataformas como aliados, pero no como crutches. Es un llamado a equilibrar la conveniencia digital con la riqueza de la experiencia humana, a sumergirse en el presente, a escuchar activamente y a conectar con el mundo y con los demás a un nivel más profundo.

Así, en medio del torbellino digital, hay una invitación silenciosa: a reconectar con nosotros mismos, a honrar la memoria y la atención como tesoros que nos hacen profundamente humanos. Al hacerlo, no solo defendemos nuestras habilidades olvidadas, sino que también forjamos un camino hacia una existencia más rica, plena y auténticamente conectada en este vasto paisaje digital.

Autoreflexión y Conciencia: Antes de que podamos cambiar cualquier comportamiento, primero debemos reconocer y entender nuestra relación actual con la tecnología. Esto significa observar honestamente cuánto tiempo pasamos conectados, y cómo nos afecta tanto física como mentalmente.

La travesía hacia una vida digital más equilibrada comienza con un espejo, no con un teclado. Es en la reflexión profunda y sincera donde empezamos a descifrar las marcas que la tecnología ha dejado en nuestra vida. La autoreflexión no es una simple pausa momentánea, es una inmersión en la profundidad de nuestra psique, un enfrentamiento con nuestras realidades más crudas y, en ocasiones, incómodas.

La era digital, con su ritmo frenético y constante zumbido de notificaciones, rara vez nos ofrece momentos de pausa. Pero es precisamente en estos espacios de silencio y contemplación donde comenzamos a entender nuestra verdadera relación con la tecnología. ¿Cuántas horas al día permanecemos conectados? ¿Con qué frecuencia sentimos la necesidad imperiosa de revisar nuestro teléfono? Y, quizá lo más revelador, ¿cómo nos sentimos cuando no podemos acceder a nuestros dispositivos?

Al abordar estas preguntas, podemos descubrir patrones y dependencias que antes pasaban desapercibidos. Tal vez encontremos que las horas que creíamos dedicar a la "conexión" en realidad nos desconectaban de experiencias reales y significativas. O que el zumbido constante de notificaciones no es un recordatorio de la conectividad, sino un eco de nuestra creciente ansiedad digital.

Pero la autoreflexión no se trata solo de identificar problemas; es también una oportunidad para redescubrir lo que realmente valoramos. Quizá al desconectar, aunque sea por un breve período, redescubrimos el placer de la lectura, de una caminata al aire libre, o de una conversación cara a cara sin distracciones digitales.

La conciencia es el faro que ilumina este viaje introspectivo. Al cultivarla, nos convertimos en observadores activos de nuestra propia experiencia, no meros participantes pasivos. Nos damos cuenta de que cada acción, cada elección de deslizar, hacer clic o desconectar, es un reflejo de nuestros valores y prioridades.

Reconocer y entender nuestra relación con la tecnología es el primer paso hacia la creación de un equilibrio saludable. Es una llamada a la acción, no para rechazar la tecnología, sino para integrarla en nuestras vidas de una manera que enriquezca, en lugar de disminuir, nuestra experiencia humana. En esta danza entre el mundo digital y el palpable, la autoreflexión y la conciencia se convierten en nuestros guías más confiables, llevándonos hacia un camino de conexión auténtica y bienestar.

Establecimiento de Límites Claros: En busca de repeler la ¨Demencia Digital.¨ Designa "zonas sin tecnología" en tu hogar, como el dormitorio o el comedor. Establece horarios específicos del día para desconectarte y ser consciente de tu entorno sin distracciones digitales.

En nuestra travesía para navegar por las turbulentas aguas de la era digital, uno de los anclajes más sólidos y efectivos es el establecimiento de límites claros. Si bien la tecnología ha logrado tejerse en el tejido mismo de nuestra cotidianidad, no tiene por qué gobernar cada rincón de nuestra existencia. En ese sentido, construir barreras definidas entre nuestro ser digital y nuestro ser físico se convierte en una herramienta vital para repeler la creciente amenaza de la "Demencia Digital".

Imagina tu hogar no solo como un espacio físico, sino también como un santuario para tu bienestar mental y emocional. Al designar "zonas sin tecnología", estás demarcando áreas sagradas para la re conexión, el descanso y la revitalización. Por ejemplo, al convertir el dormitorio en un refugio libre de dispositivos, lo estamos reconociendo como un espacio de descanso, un lugar para desconectar del ruido externo y sumergirnos en la paz de nuestro propio ser.

El comedor, por su parte, puede volver a ser un lugar de conversación y conexión, donde las pantallas no interfieran con la sencillez y profundidad de las interacciones humanas.

Pero más allá de los espacios, el tiempo también juega un papel crucial en esta ecuación. La demarcación de horarios específicos para desconectar nos ofrece momentos sagrados de pausa en medio del ajetreo. Estos interludios nos permiten levantar la vista, respirar profundo y sumergirnos en el mundo que nos rodea, libre de las constantes interrupciones y demandas de la vida digital. Al hacerlo, recordamos que hay un ritmo más natural y pausado en la vida, uno que fluye con las sutilezas del mundo que nos rodea, en lugar de con el zumbido constante de las notificaciones.

Al establecer límites claros, no estamos renunciando a la maravilla de la conectividad digital, sino redescubriendo el equilibrio. Estamos trazando una línea en la arena, declarando que si bien la tecnología es una parte valiosa de nuestras vidas, no es la totalidad.

En la intersección entre el silencio y el sonido, entre la conexión y la desconexión, encontramos la armonía que nos permite vivir plenamente en un mundo digital, sin perder el contacto con la esencia de nuestra humanidad. Es un acto de resistencia, un compromiso con nosotros mismos, y una promesa de que, a pesar de las demandas del mundo moderno, nunca perderemos de vista lo que realmente importa.

Redescubrir Pasatiempos Sin Tecnología:

Retoma actividades que no requieran dispositivos, como leer un libro físico, pintar, escribir en un diario, o practicar deportes.

En medio de los avances tecnológicos que ha definido nuestras vidas en las últimas décadas, muchas de las simples alegrías y pasatiempos tradicionales han quedado eclipsados por el resplandor de nuestras pantallas. Pero, aunque esas actividades puedan parecer arcaicas o incluso obsoletas en el contexto moderno, encierran en sí mismas el potencial de reconectar nuestras almas con la esencia de la experiencia humana, lejos del ruido y la prisa del mundo digital.

El acto de abrir un libro físico, por ejemplo, nos transporta a un mundo donde el tiempo parece fluir de manera diferente. Cada página que pasamos es una caricia tangible, una invitación a sumergirnos en historias y mundos lejos del nuestro, pero que al mismo tiempo nos hablan de emociones y vivencias universales. Es un viaje en el que no hay notificaciones que nos distraigan, solo palabras e imaginación.

La pintura, por su parte, es una danza entre el pincel y el lienzo, una exploración de colores y formas que brotan de lo más profundo de nuestro ser. Es una meditación activa, donde cada trazo refleja una emoción, un pensamiento, una visión del mundo. No hay aplicaciones ni filtros, solo la magia del momento presente.

Escribir en un diario, en cambio, es un encuentro íntimo con uno mismo. Es un espacio seguro donde las palabras fluyen libres, donde los pensamientos y sentimientos se despliegan sin juicio. Es un ejercicio de introspección, un puente hacia el autoconocimiento y la aceptación.

Y qué decir de practicar deportes. Más allá de los evidentes beneficios físicos, es una celebración del cuerpo y de lo que es capaz. Es un recordatorio de que somos seres en movimiento, que en la acción y la adrenalina, encontramos alegría y liberación.

Estos pasatiempos sin tecnología no son simplemente actividades para llenar el tiempo; son puertas hacia dimensiones de nosotros mismos que a menudo olvidamos en la rutina diaria. Son un recordatorio de que, antes de ser consumidores digitales, somos seres humanos con una vasta capacidad para sentir, crear y experimentar. Al redescubrir y priorizar estas actividades, no solo combatimos los efectos de la "demencia digital", sino que también enriquecemos nuestras vidas, recordando que la felicidad y el bienestar a menudo se encuentran en los momentos más simples y genuinos.

Fomentar Relaciones Auténticas: Prioriza el tiempo de calidad con familiares y amigos, redescubriendo el arte de la conversación cara a cara y el valor de las experiencias compartidas en persona.

En una era donde la comunicación instantánea y las redes sociales han redefinido la forma en que nos relacionamos, parece que hemos perdido de vista la esencia misma de lo que significa conectarse genuinamente con otro ser humano. El desfile incesante de actualizaciones, estados y fotografías filtradas a menudo nos ofrece solo una faceta cuidadosamente curada de la vida de los demás, dejando de lado la riqueza y complejidad de las emociones y experiencias que conforman la trama de nuestras existencias.

Es en este escenario que redescubrir el valor de las relaciones auténticas se vuelve no solo deseable, sino esencial. El arte de la conversación cara a cara, por ejemplo, es una danza sutil y profunda. En el intercambio de palabras, miradas y gestos, hay un diálogo que va más allá del simple intercambio de información. Es un reconocimiento mutuo, una oportunidad de ver y ser visto en toda nuestra vulnerabilidad y autenticidad. En esos momentos de interacción genuina, las máscaras caen y las almas se encuentran.

Priorizar el tiempo de calidad con seres queridos no es solo un acto de amor, sino también de resistencia. Es una declaración de que, en medio de un mundo que a menudo prioriza la velocidad y la superficialidad, optamos por detenernos y sumergirnos en la profundidad de las experiencias humanas. Cada risa compartida, cada historia contada, cada abrazo dado, se convierte en un tesoro invaluable que ningún dispositivo o aplicación puede replicar.

En el ritmo vertiginoso de la sociedad actual, donde las interacciones digitales a menudo eclipsan las experiencias físicas, es fácil olvidar la profundidad y el valor de los momentos genuinos compartidos con aquellos a quienes amamos. Las pequeñas joyas de la vida cotidiana, esas risas inesperadas, las historias narradas con pasión y los abrazos reconfortantes, poseen una magia que ningún algoritmo puede imitar.

Cuando compartimos una carcajada con alguien, no es solo el sonido lo que resuena; es la conexión humana, el reconocimiento mutuo de una alegría compartida. Es un momento de sintonía, donde dos almas vibran al unísono, olvidando por un instante las preocupaciones del mundo exterior.

Las historias, por su parte, son puentes entre generaciones, culturas y almas. Al contar una anécdota o relatar un recuerdo, no solo estamos transmitiendo hechos; estamos compartiendo un pedazo de nuestro ser, invitando a otros a entrar en nuestro mundo y ver el mundo a través de nuestros ojos. Estas narraciones nos humanizan, nos conectan con nuestros ancestros y nos proyectan hacia el futuro, creando un hilo conductor que atraviesa el tiempo y el espacio.

Y qué decir de los abrazos, esos gestos sencillos pero poderosos con los que envolvemos a otro ser en un manto de amor, aprecio y consuelo. Un abrazo puede hablar más que mil palabras, transmitiendo seguridad, empatía y cariño en un lenguaje que todos comprendemos. Es un refugio momentáneo, un recordatorio palpable de que no estamos solos en este vasto universo.

Por eso, en la era digital, donde las interacciones a menudo se reducen a emojis y mensajes de texto, es esencial recordar la irremplazable riqueza de estas experiencias tangibles. Porque aunque la tecnología ha ampliado nuestras fronteras y ha traído consigo maravillas inimaginables, todavía hay tesoros en nuestra existencia que simplemente no pueden ser duplicados en el ámbito virtual. Es en estos momentos genuinos, en la risa, la narración y el contacto físico, donde encontramos la esencia más pura de lo que significa ser humano.

Estas interacciones no solo nutren nuestro espíritu, sino que también construyen puentes de entendimiento y empatía. Al compartir experiencias en persona, nos permitimos caminar, aunque sea por un breve instante, en los zapatos del otro. Sentimos sus alegrías, comprendemos sus luchas y celebramos sus logros. En este tejido de conexiones auténticas, encontramos la fuerza y el apoyo para enfrentar los desafíos de la vida y recordar que, a pesar de nuestras diferencias, todos compartimos el anhelo de ser amados, entendidos y aceptados.

Por lo tanto, en un mundo donde las pantallas a menudo actúan como intermediarias en nuestras interacciones, es esencial hacer un esfuerzo consciente para priorizar y cultivar relaciones genuinas. Porque es en estos momentos compartidos, en las historias contadas al calor de una taza de café o en las risas que resuenan en un salón familiar, donde encontramos el verdadero significado de la conexión humana.

Educación Continua: Mantente informado sobre los riesgos y beneficios asociados con el uso de la tecnología. Además, es esencial enseñar a las generaciones más jóvenes sobre el uso saludable de los dispositivos.

Vivimos en una era de avances tecnológicos sin precedentes. Cada día nos enfrentamos a una avalancha de información, aplicaciones y herramientas digitales que prometen hacernos la vida más fácil, más conectada, más eficiente. Pero, como con cualquier herramienta poderosa, el uso de la tecnología viene con su propio conjunto de responsabilidades y desafíos. Es aquí donde la educación continua desempeña un papel fundamental.

Mantenerse informado no es solo cuestión de saber qué nueva aplicación está de moda o cuál es el último modelo de smartphone. Se trata de comprender a fondo cómo estos avances afectan nuestra salud mental, física y emocional. Implica estar al tanto de los estudios y las investigaciones que exploran el impacto de la tecnología en nuestro cerebro, en nuestras relaciones y en nuestra calidad de vida. A través de esta educación, podemos tomar decisiones informadas sobre cómo, cuándo y por qué usar (o no usar) ciertas herramientas digitales.

Pero la responsabilidad no se detiene en nosotros. Las generaciones más jóvenes, aquellos nativos digitales que han crecido con una pantalla en la mano, necesitan orientación y mentoría. Aunque es posible que manejen los dispositivos con una destreza que a muchos adultos les resulta envidiable, todavía están desarrollando las habilidades emocionales y cognitivas para navegar por el vasto océano digital de manera segura y saludable.

Es esencial que los adultos, ya sean padres, maestros o mentores, proporcionen a los jóvenes las herramientas para ser críticos y conscientes de su uso tecnológico. Esto significa conversaciones abiertas sobre los peligros potenciales, desde el ciberacoso hasta la adicción a las redes sociales. Significa establecer límites saludables y enseñarles a hacer lo mismo. Y, quizás lo más importante, significa dar ejemplo, mostrando cómo equilibrar la vida digital con la vida real.

En última instancia, la educación continua en este ámbito es una inversión en nosotros mismos y en nuestro futuro. Al mantenernos informados y compartir activamente lo que aprendemos, estamos sembrando las semillas de una sociedad digital que es consciente, ética y, sobre todo, profundamente humana.

Herramientas y Aplicaciones de Ayuda: Paradójicamente, hay aplicaciones diseñadas para ayudarnos a reducir el tiempo que pasamos en nuestros dispositivos. Estas herramientas pueden monitorizar nuestro uso y establecer recordatorios para hacer pausas.

En la era digital, nos encontramos inmersos en un mar de paradojas. Una de las más destacadas es cómo la misma tecnología que puede distraernos y distanciarnos de la realidad presente también tiene el poder de ayudarnos a reconectar y ser más conscientes. Precisamente en este terreno es donde surgen diversas herramientas y aplicaciones que buscan ser nuestros aliados en la lucha contra el consumo excesivo de tecnología.

Aunque pueda parecer irónico, hay aplicaciones brillantemente diseñadas que se dedican a ayudarnos a reducir, o al menos a gestionar de manera más eficiente, el tiempo que pasamos frente a nuestras pantallas. Estas herramientas, lejos de ser meros cronómetros, a menudo incorporan análisis y visualizaciones que nos permiten entender nuestros patrones de comportamiento. ¿Dónde gastamos más tiempo? ¿Qué aplicaciones nos roban más horas del día? ¿A qué horas somos más vulnerables a caer en la distracción digital?

Además, estas aplicaciones suelen ofrecer funcionalidades que van más allá de la mera monitorización. Pueden establecer recordatorios que nos inviten a hacer pausas periódicas, a veces acompañadas de ejercicios de respiración o meditación cortos para reenfocarnos. Algunas incluso poseen la capacidad de bloquear el acceso a determinadas aplicaciones o sitios web durante periodos específicos, lo que puede ser especialmente útil durante horas de trabajo o estudio.

Estas herramientas son un reflejo de la creciente conciencia colectiva sobre la necesidad de un equilibrio tecnológico. Representan un intento de la industria tecnológica de responder a las preocupaciones de aquellos que buscan una relación más sana con sus dispositivos. Y, en muchos casos, estas aplicaciones pueden ser el primer paso hacia un cambio real en nuestros hábitos.

Sin embargo, es crucial recordar que, si bien estas herramientas pueden ser de gran ayuda, la verdadera transformación proviene de nuestro interior. Las aplicaciones pueden señalar el camino, pero somos nosotros quienes debemos recorrerlo, armados con la determinación de vivir una vida donde la tecnología potencie, en lugar de suprimir, nuestra experiencia humana.

Terapia y Apoyo Profesional: Si sientes que tu dependencia digital está afectando gravemente tu vida, no dudes en buscar la ayuda de un profesional.

En la compleja trama de nuestra existencia contemporánea, la relación con la tecnología se ha convertido en un hilo que, en algunos casos, puede llegar a enredarse hasta el punto de asfixiar. La dependencia digital no es simplemente una cuestión de pasar "demasiado tiempo" frente a una pantalla; es una manifestación más profunda de cómo la tecnología puede influir en nuestra percepción del mundo, en nuestra autoimagen y en nuestra capacidad para interactuar y conectarnos con otros y con nosotros mismos.

Es en estos momentos, cuando sentimos que el peso de esta dependencia amenaza con aplastar nuestro bienestar, que la intervención de un profesional puede ser un faro en la tormenta. La terapia y el apoyo profesional ofrecen un espacio seguro y estructurado para explorar nuestra relación con la tecnología. Un terapeuta no solo proporciona herramientas y estrategias para navegar por esta relación, sino que también ofrece una perspectiva externa, un espejo en el que podemos reflejarnos y, a menudo, reconocer patrones o comportamientos que quizás habíamos pasado por alto.

Además, en un entorno terapéutico, podemos adentrarnos en las raíces subyacentes de nuestra dependencia. ¿Estamos usando la tecnología como una vía de escape de problemas o emociones no resueltos? ¿Existen factores en nuestra historia personal que nos predisponen a una relación poco saludable con nuestros dispositivos? Abordar estas cuestiones puede desencadenar un proceso de sanación más profundo y duradero que simplemente intentar "desconectar" sin entender realmente por qué nos encontramos en esa situación en primer lugar.

Sin embargo, es esencial acercarse a la terapia con una mente abierta y un corazón dispuesto. La decisión de buscar ayuda es en sí misma un acto de valentía, un reconocimiento de que queremos un cambio y estamos dispuestos a trabajar para ello. Con el apoyo adecuado, la dependencia digital puede transformarse de un obstáculo aparentemente insuperable en una oportunidad para el crecimiento personal y el autodescubrimiento.

Capítulo 7
Desconexión gradual

Establecimiento de horarios sin dispositivos.

Una técnica esencial para aquellos que buscan encontrar un equilibrio entre la vida digital y la vida real. Es un llamado a la reflexión y al cambio, un recordatorio de que no es necesario abandonar completamente la tecnología para encontrar paz y equilibrio, sino más bien aprender a usarla con conciencia y propósito.

Establecer horarios sin dispositivos es uno de los primeros y más efectivos pasos hacia esta desconexión gradual. Es un acto simple, pero poderoso, que envía un mensaje claro a nuestra mente: hay momentos del día en los que la tecnología no tiene lugar, momentos en los que volvemos a conectar con nosotros mismos, con nuestros seres queridos y con el mundo que nos rodea de manera más directa.

Imagínese un hogar donde, después de cierta hora, los zumbidos y notificaciones se silencian, donde las luces de las pantallas se apagan y se da paso a las conversaciones, a la lectura, a la música, a la naturaleza. Es un respiro, un oasis de tranquilidad en el constante ajetreo de la vida moderna. Y mientras que inicialmente puede sentirse extraño, incluso incómodo, con el tiempo, estos momentos se convierten en un refugio, un recordatorio de las simples alegrías que a menudo se pierden en la vorágine digital.

Puede comenzar con pequeños gestos, como dejar los dispositivos fuera del dormitorio o designar una hora específica del día como "hora libre de tecnología". A medida que estos hábitos se arraiguen, puede expandirlos, dedicando fines de semana completos a desconectar o incluso planificando vacaciones donde la tecnología se queda atrás.

Lo más importante es ser flexible y encontrar un ritmo que funcione para ti. No se trata de castigarse o privarse, sino de redescubrir y redefinir lo que realmente importa. La tecnología es una herramienta, y como cualquier herramienta, su valor reside en cómo la usamos. Al establecer horarios sin dispositivos, reafirmamos nuestro control sobre esta herramienta, recordando que estamos a cargo y que la tecnología está aquí para servirnos, no al revés.

"Detox" digitales en periodos de tiempo.

En la era moderna, el concepto de "detox" ya no se limita a dietas o rutinas de salud; ha encontrado un espacio esencial en nuestra relación con la tecnología. El "detox" digital, a grandes rasgos, es una pausa intencional de nuestros dispositivos y plataformas en línea. No se trata de rechazar la tecnología, sino de darse un respiro, una oportunidad para recargar energías y reorientar nuestras prioridades.

A medida que nos sumergimos en la rutina diaria, las notificaciones, correos electrónicos y actualizaciones pueden consumirnos hasta el punto en que nos sentimos atrapados en una red interminable de interacciones digitales. Es como si estuviéramos en una habitación llena de voces clamando por nuestra atención. En momentos como estos, un "detox" digital se convierte en una ventana abierta, un escape momentáneo de ese ruido ensordecedor.

La idea detrás de estos periodos de desconexión es simple: dar un paso atrás para ver el panorama completo. Es similar a alejarse de un cuadro en un museo para apreciar toda su belleza. Estas pausas pueden ser tan cortas como una hora durante el día o tan extensas como un retiro de fin de semana sin dispositivos. Algunas personas incluso se atreven a tomar descansos de un mes o más.

Al inicio, el silencio puede parecer ensordecedor. Sin el constante bombardeo de información, uno puede sentirse desnudo o desconcertado. Sin embargo, con el tiempo, comienzan a surgir claridades. Redescubrimos pasatiempos olvidados, nos reencontramos con la naturaleza, revivimos la alegría de conversaciones profundas con seres queridos y redescubrimos la belleza del mundo que nos rodea sin el filtro de una pantalla.

Estos periodos de "detox" no son solo una fuga, son un ejercicio de autoconciencia. Nos permiten cuestionarnos: ¿Qué papel juega la tecnología en mi vida? ¿Qué estoy sacrificando por estar constantemente conectado? Y lo más crucial, ¿qué quiero realmente?

Al regresar al mundo digital después de un "detox", es probable que se perciba una sensación de renovación. Se ve el mundo digital con nuevos ojos, se interactúa con él de manera más deliberada y se aprecia más la capacidad de desconectar. En esencia, el "detox" digital no es solo una pausa; es una recalibración de nuestra relación con la tecnología, un recordatorio de que, aunque el mundo digital tiene mucho que ofrecer, la vida fuera de la pantalla es donde se encuentra nuestra verdadera esencia.

Al sumergirse nuevamente en el océano digital tras un período de "detox", es como si emergieras de un refrescante baño de realidad. El aire parece más fresco, los colores más vivos y, curiosamente, hasta los sonidos de las notificaciones parecen menos estridentes. Hay algo mágico en este retorno; es como si hubieras borrado todas las huellas digitales anteriores y ahora estuvieras listo para trazar un nuevo camino con pasos más medidos y deliberados.

Ver el mundo digital con una perspectiva renovada implica apreciar sus maravillas mientras se es consciente de sus trampas. Las redes sociales, por ejemplo, vuelven a ser plataformas de conexión y expresión, y no meras fuentes de distracción o comparación. Las aplicaciones y herramientas en línea se convierten en facilitadores de la vida cotidiana, y no en amos que dictan cada minuto de nuestro tiempo.

Al interactuar con el mundo digital de manera más deliberada, también aprendemos a establecer límites. En lugar de dejarnos llevar por la corriente de información y entretenimiento, decidimos conscientemente cuándo y cómo queremos participar. Esta decisión autónoma nos permite aprovechar al máximo las bondades de la tecnología sin quedar atrapados en sus redes.

Pero quizás la revelación más profunda de esta recalibración es el recordatorio de la riqueza de la vida fuera de la pantalla. Cada momento vivido, cada emoción experimentada y cada conexión humana establecida en el "mundo real" tiene una profundidad y autenticidad que no puede ser replicada en píxeles y bytes. Es un recordatorio de que, mientras la tecnología puede enriquecer nuestras vidas, nuestra verdadera esencia reside en las experiencias humanas tangibles, en las risas compartidas, en los abrazos sentidos y en las historias vividas.

El "detox" digital, en su esencia, es una invitación a equilibrar. A equilibrar la comodidad y conectividad que ofrece el mundo digital con la profundidad y autenticidad del mundo real. Es un llamado a no olvidar que, por muy avanzada que sea la tecnología, nunca podrá reemplazar la magia de la experiencia humana en toda su plenitud.

Capítulo 8

Ejercicios cognitivos

Técnicas de memorización.

Nos sumergimos en un fascinante viaje por el mundo de los ejercicios cognitivos, poniendo especial énfasis en las técnicas de memorización. En una era donde el acceso instantáneo a la información está al alcance de nuestros dedos, podríamos pensar que las habilidades de memorización han perdido su relevancia. Sin embargo, fortalecer nuestra memoria y agudizar nuestra cognición tiene beneficios que trascienden el mero acto de recordar datos.

Las técnicas de memorización han sido practicadas y perfeccionadas a lo largo de los siglos. Desde los antiguos griegos, que recurrían al "palacio de la memoria" para recordar discursos extensos, hasta los modernos campeonatos de memoria donde los participantes memorizan barajas de cartas en cuestión de minutos, la habilidad de recordar ha sido siempre una parte fundamental de la experiencia humana.

Practicar técnicas de memorización no solo nos permite retener información de manera efectiva, sino que también estimula y fortalece nuestra mente. Es similar a llevar nuestro cerebro al gimnasio: al desafiarlo y ejercitarlo regularmente, mejoramos su salud y funcionalidad.

Dentro de estas técnicas encontramos el ya mencionado "palacio de la memoria" o "técnica del loci", que implica visualizar un lugar familiar y asociar distintos elementos de lo que queremos recordar a puntos específicos de ese lugar. Por ejemplo, si deseamos recordar una lista de compras, podríamos visualizar nuestra casa y asociar cada artículo con una habitación o un objeto específico.

Técnica del Loci o Palacio de la Memoria

La "Técnica del Loci" o "Palacio de la Memoria" es una estrategia ancestral que nos transporta a los rincones más profundos de la mente humana, permitiendo que la información se convierta en una parte palpable y viviente de nuestro mundo interior. Originada en la antigua Grecia, esta técnica fue la herramienta predilecta de oradores y filósofos, quienes la utilizaban para recitar extensos discursos o poesías sin omitir una sola palabra.

La esencia de esta técnica radica en su simplicidad: se trata de conectar la información que deseamos recordar con lugares que ya conocemos bien. Nuestros cerebros están maravillosamente equipados para recordar lugares y rutas; es una habilidad evolutiva que ha sido fundamental para nuestra supervivencia. La técnica del Loci aprovecha esta capacidad innata, transformando la información abstracta en imágenes concretas y situándolas en lugares familiares.

Imaginemos, por un momento, que necesitamos recordar una lista de compras que incluye pan, leche, huevos y chocolate. En lugar de intentar memorizar la lista tal cual, nos transportamos mentalmente a nuestra casa. Al abrir la puerta principal, nos encontramos con una barra gigante de pan que nos bloquea el paso. Al caminar hacia el salón, observamos un río de leche que fluye desde el sofá. Al acercarnos a la cocina, nos sorprenden huevos del tamaño de sillas bailando en el suelo. Y, finalmente, al subir las escaleras, descubrimos que las barandillas se han convertido en enormes barras de chocolate. A través de estas visualizaciones vívidas e inusuales, convertimos una simple lista en una experiencia sensorial y memorable.

No solo podemos utilizar nuestra casa como palacio de la memoria; cualquier lugar que conozcamos bien puede funcionar: una ruta que caminamos a menudo, nuestra escuela, un parque cercano. La clave está en que los lugares elegidos sean familiares y las imágenes que creamos sean lo suficientemente impactantes o peculiares para destacar en nuestra mente.

Practicar y perfeccionar esta técnica nos permite no solo recordar listas o datos, sino también ideas complejas, discursos o incluso libros enteros. Es una invitación a explorar la inmensidad de nuestro potencial cerebral, recordándonos que, incluso en una era de dispositivos y recordatorios digitales, la capacidad de nuestra mente para crear y recordar sigue siendo insuperable.

Otra técnica popular es la "cadena de historias", en la cual se crea una narrativa conectando elementos que se quieren recordar, dándoles vida en una historia coherente y, a menudo, inusual o cómica, para hacerla más memorable.

Más allá de estas técnicas, la repetición espaciada y la asociación mnemotécnica son otras herramientas valiosas en el arsenal del maestro de la memoria. La clave está en practicar, ser consistente y encontrar las técnicas que mejor se adapten a nuestra personalidad y estilo de aprendizaje.

En la travesía hacia la maestría de la memoria, más allá del ya mencionado Palacio de la Memoria, emergen dos técnicas luminosas: la repetición espaciada y la asociación mnemotécnica. Ambas, a lo largo de la historia, han sido aliadas silenciosas de aquellos que buscan no solo retener, sino también comprender y conectar la información que absorben.

La repetición espaciada es como el susurro constante de una melodía que, con el tiempo, se graba en nuestra mente. Esta técnica se basa en la idea de revisitar información a intervalos cada vez más prolongados, en lugar de hacerlo en sesiones de estudio maratónicas. Es como regar una planta a intervalos adecuados, garantizando que la información, al igual que el agua, se absorba y no simplemente se desborde. Al aplicar la repetición espaciada, fortalecemos las conexiones neuronales relacionadas con la información que deseamos retener, haciendo que, con cada revisión, se afiance más en nuestra memoria.

Por otro lado, la asociación mnemotécnica es el arte de conectar lo nuevo con lo familiar, de entrelazar lo desconocido con lo ya conocido. A través de analogías, rimas, acrónimos o cualquier otro medio creativo, transformamos datos abstractos o difíciles en algo más accesible y memorable. Es como si, al enfrentarnos a una puerta cerrada, la asociación mnemotécnica nos ofreciera una llave única y personalizada para abrirla.

Sin embargo, como cualquier destreza, la maestría en estas técnicas requiere dedicación, práctica y, sobre todo, autodescubrimiento. Cada mente es un universo en sí misma, con sus propias reglas, conexiones y maneras de entender el mundo. Es por eso que no todas las técnicas funcionarán igual para todos. Lo mágico de este viaje es encontrar aquellas estrategias que resuenen con nuestra esencia, que se sientan como extensiones naturales de nuestro ser. Al final del día, la verdadera maestría no radica en cuánto podemos memorizar, sino en cómo la memoria, enriquecida y fortalecida, potencia nuestra comprensión.

Pero, ¿por qué es crucial revivir y practicar estas técnicas en la era digital? Porque, a pesar de la abundancia de información, es nuestra capacidad de sintetizar, comprender y retener lo que realmente importa lo que nos distingue y nos permite tomar decisiones informadas. Al final del día, una mente aguda y una memoria sólida son herramientas poderosas, no solo para navegar por el vasto océano de la información digital, sino para vivir una vida plena y enriquecedora en todos los sentidos.

El trato de la Demencia Digital y los Juegos y actividades que promuevan el pensamiento crítico.

Tratar la demencia digital requiere una aproximación holística, donde el enfoque no solo se centra en la mera desconexión tecnológica, sino también en el enriquecimiento de nuestra mente y espíritu. En este marco, mientras buscamos equilibrar nuestra relación con los dispositivos, es esencial nutrir nuestra capacidad cognitiva y fortalecer el pensamiento crítico.

La demencia digital, ese aturdimiento mental causado por el consumo excesivo de tecnología, puede ser combatida no solo reduciendo el tiempo frente a la pantalla, sino también fomentando actividades que desafíen y expandan nuestra mente. Y aquí es donde entran en juego los juegos y actividades que promueven el pensamiento crítico.

La demencia digital, ese velo que opaca nuestra claridad mental a causa de una inmersión excesiva en el mundo digital, no se combate únicamente apagando nuestros dispositivos. Se trata de un reequilibrio, de un cambio de perspectiva sobre cómo interactuamos con la tecnología y cómo cultivamos nuestra mente en el proceso. Mientras buscamos reducir nuestra dependencia de las pantallas, es igualmente crucial que busquemos formas de estimular y desafiar nuestras capacidades cognitivas.

Es en este escenario que los juegos y actividades diseñados para promover el pensamiento crítico brillan como estrellas en la noche. Estas herramientas no son simplemente distracciones o pasatiempos; son puertas a mundos donde nuestra mente es puesta a prueba, donde cada decisión, cada movimiento, cada argumento, requiere reflexión, análisis y, a menudo, una pizca de creatividad.

Consideremos, por ejemplo, los juegos de estrategia clásicos como el ajedrez. Cada pieza en el tablero tiene un movimiento y un propósito, y el juego en sí se convierte en una danza de anticipación y táctica. O pensemos en los rompecabezas lógicos que nos obligan a usar la deducción y el razonamiento para llegar a soluciones. Estas actividades, en su esencia, nos invitan a pensar más allá de lo obvio, a cuestionar, a no aceptar las cosas simplemente como se presentan.

Y, por supuesto, no solo se trata de juegos. El simple acto de leer un libro, particularmente aquellos que plantean dilemas morales o filosóficos, puede ser una excelente forma de fomentar el pensamiento crítico. Del mismo modo, unirse a un grupo de discusión o debate puede ser una ventana para aprender a escuchar, argumentar y, lo más importante, cambiar de opinión cuando se presenta una evidencia convincente.

Así que, mientras navegamos en esta era digital, donde la sobrecarga de información puede ser abrumadora, es esencial que recordemos el valor de tomarnos un momento para pensar, para desafiar nuestras propias creencias y expandir nuestro horizonte mental. Combatir la demencia digital no se trata solo de apagar, sino de encender: encender nuestra curiosidad, nuestra pasión por aprender y nuestra capacidad innata de pensar de manera crítica y creativa.

Imagina por un momento un jardín. Si solo lo riegas y no lo cuidas, las malas hierbas empezarán a crecer, opacando la belleza de las flores. Nuestra mente es similar a ese jardín. Los juegos y actividades que fomentan el pensamiento crítico actúan como herramientas de jardinería, ayudándonos a podar, nutrir y embellecer nuestro espacio mental.

Los rompecabezas, por ejemplo, no son solo piezas que encajan; son desafíos que nos obligan a visualizar patrones y prever soluciones. Los juegos de mesa estratégicos, como el ajedrez, no son meras competencias, sino batallas de ingenio que exigen anticipación, estrategia y adaptabilidad. Las actividades como debates o clubes de lectura nos empujan a evaluar información, defender puntos de vista y, sobre todo, escuchar y considerar perspectivas diferentes.

Además, existen aplicaciones y plataformas en línea que, aunque parezca contradictorio, ofrecen juegos diseñados para mejorar la memoria, la atención y otras habilidades cognitivas. Estas herramientas, cuando se usan con moderación y en equilibrio con otras actividades sin tecnología, pueden ser aliadas en nuestro camino hacia una mente más ágil y resistente.

Entonces, mientras buscamos aliviar los síntomas de la demencia digital, es fundamental recordar que el antídoto no se encuentra solo en la desconexión, sino en la reconexión activa y consciente con actividades que nutren el alma y despiertan la mente. Es un viaje de redescubrimiento, donde cada juego jugado, cada desafío enfrentado, nos recuerda

la maravilla de pensar, reflexionar y, en última
instancia, ser.

Promoción de hábitos saludables en tiempos
de superación de la Demencia Digital

En este mundo moderno, donde la Demencia Digital amenaza con desorientar nuestra brújula mental, es imperativo que tomemos un paso atrás y recalibremos nuestras prioridades. Superar la demencia digital no es simplemente una cuestión de reducir el tiempo de pantalla; es un llamado a reintegrar hábitos saludables que han sido opacados por la omnipresencia de la tecnología.

Primero y ante todo, está el acto esencial de reconectar con uno mismo. Esto puede ser a través de la meditación, de la escritura reflexiva o simplemente tomando unos momentos cada día para respirar profundamente y sintonizar con nuestros propios pensamientos y sentimientos. Es en estos momentos de quietud donde a menudo encontramos claridad y entendimiento.

Luego, está la necesidad de reforzar nuestro vínculo con la naturaleza. Un paseo por el parque, una caminata por el bosque o simplemente unos minutos bajo el sol pueden hacer maravillas para nuestra salud mental. La naturaleza nos recuerda de la vida más allá de las pantallas, nos conecta con un ritmo más orgánico y nos proporciona un respiro fresco del bombardeo digital constante.

La actividad física es otro pilar crucial. No solo para el bienestar de nuestro cuerpo, sino también para nuestra mente. Ya sea a través del yoga, la danza, el ciclismo o cualquier otra forma de ejercicio, mover el cuerpo ayuda a liberar tensiones, mejora nuestra concentración y nos brinda una dosis de endorfinas, las hormonas de la felicidad.

Durante transcurre la cotidianidad de la vida, la actividad física emerge como un baluarte esencial, una especie de salvoconducto que nos protege y fortalece contra las tormentas mentales y emocionales. No es meramente un medio para moldear o tonificar el cuerpo, sino un bálsamo para el espíritu y el alma.

Cuando nos sumergimos en disciplinas como el yoga, no solo estamos estirando músculos y fortaleciendo ligamentos; estamos también sumergiéndonos en una práctica milenaria que busca el equilibrio entre mente, cuerpo y espíritu. Cada Azaña, o postura, es una meditación en sí misma, un acto de presencia y conciencia. La respiración profunda y rítmica que acompaña al yoga nos conecta con nuestro ser interno, ayudándonos a centrarnos y a encontrar claridad en medio del caos.

La danza, por su parte, es una celebración del movimiento y la expresión. Es un lenguaje universal que trasciende palabras y barreras, permitiendo que nuestras emociones fluyan libremente. Al bailar, nos entregamos a la música y dejamos atrás preocupaciones, sumergiéndonos en un mundo donde solo existen el ritmo y la pasión. Es una liberación, una forma de reconectar con nuestra esencia y dejar que el cuerpo hable por sí mismo.

El ciclismo, ya sea en montaña o carretera, nos permite conectar con la naturaleza y con nosotros mismos. El viento en el rostro, el ritmo constante del pedaleo y la sensación de avanzar nos recuerdan que somos capaces de superar desafíos y que, a menudo, el viaje es más importante que el destino.

Pero más allá de la disciplina elegida, lo que todas estas actividades tienen en común es su capacidad para liberar endorfinas, esas maravillosas "hormonas de la felicidad". Al ejercitarnos, nuestro cuerpo se siente recompensado, liberando estas sustancias químicas naturales que nos inducen a sentirnos bien, elevan nuestro ánimo y nos llenan de una sensación de logro y satisfacción.

La actividad física no es solo un requisito para un cuerpo sano; es un elixir para una mente clara y un espíritu vibrante. Es un recordatorio constante de que, más allá de la agitación y las demandas de la vida moderna, tenemos la capacidad de encontrar armonía, equilibrio y alegría a través del simple acto de movernos y conectarnos con nuestro ser.

Siguiendo esta línea, está la importancia de nutrir nuestro cuerpo con una dieta balanceada. Una mente sana reside en un cuerpo sano, y lo que comemos desempeña un papel fundamental en cómo nos sentimos. Optar por alimentos frescos, reducir el consumo de procesados y mantenernos hidratados son pasos esenciales en este viaje hacia la superación de la demencia digital.

Por último, pero no menos importante, está la revitalización de nuestras conexiones humanas. En un mundo donde los "likes" y los "followers" a menudo se confunden con la auténtica conexión, debemos recordar el valor inestimable de una conversación cara a cara, de una risa compartida sin filtros y de la magia que ocurre cuando realmente escuchamos y somos escuchados.

En esencia, superar la demencia digital es un retorno a lo básico, un recordatorio de lo que realmente importa. Es una invitación a vivir de forma plena, consciente y auténtica, y a celebrar cada momento como el regalo precioso que es.

La lectura de libros físicos es de mucha ayuda para superar la demencia digital y como también la escritura manual.

En la acelerada orquesta de la vida digital, donde las notificaciones suenan como tambores constantes y las pantallas parpadean como luces estroboscópicas, encontrar refugio en los hábitos ancestrales de la lectura de libros físicos y la escritura manual puede ser un bálsamo para el alma agotada. Estas prácticas, arraigadas en lo tangible y lo concreto, nos brindan un respiro, un regreso a lo esencial que tanto necesitamos en nuestra lucha contra la demencia digital.

Cuando abrimos un libro físico, nos sumergimos en un mundo que requiere nuestro compromiso total. Las páginas tienen un peso y una textura; sus aromas evocan recuerdos y sensaciones. A diferencia de las pantallas, que a menudo nos instan a saltar de un enlace a otro, el libro nos invita a la paciencia, a la dedicación.

Cada palabra y frase se despliega con un ritmo intrínseco, permitiéndonos profundizar en la trama y reflexionar sobre los matices de la narración. Esta inmersión nos ayuda a entrenar nuestra atención y fortalece nuestra capacidad cognitiva, ofreciendo un contrapeso a la fragmentación que a menudo experimentamos en el mundo digital.

Por otro lado, la escritura manual es una práctica meditativa en sí misma. En un mundo donde los teclados y las pantallas táctiles dominan, el acto de tomar un bolígrafo o lápiz y trazar palabras en papel se convierte en un ritual íntimo y poderoso. Es una danza entre mano y mente, donde cada letra y palabra fluye con deliberación. Al escribir a mano, no solo estamos registrando pensamientos, sino también conectándonos con ellos en un nivel más profundo. Estudios han demostrado que la escritura manual puede mejorar la memoria y la retención, ya que el cerebro se involucra más activamente en el proceso.

Además, ambos hábitos, la lectura y la escritura manual, nos ofrecen una pausa necesaria. Son antídotos contra la constante avalancha de información que enfrentamos, permitiéndonos recalibrar, reflexionar y reorientar nuestro enfoque.

En nuestra cruzada contra la demencia digital, estos antiguos rituales no son meramente actos nostálgicos, sino herramientas poderosas. Nos recuerdan la belleza de la simplicidad y la profundidad, y nos ofrecen un camino hacia una existencia más equilibrada y consciente en un mundo inundado de estímulos digitales.

Práctica de deportes y actividades al aire libre.

En el complejo mundo de la era digital, donde las fronteras entre lo virtual y lo real a veces se vuelven borrosas, las prácticas ancestrales de deportes y actividades al aire libre emergen como un faro, guiándonos hacia una conexión más profunda con nosotros mismos y el mundo que nos rodea. Estas actividades, más allá de sus evidentes beneficios físicos, se erigen como un refugio esencial para nuestra mente y espíritu, ofreciéndonos un antídoto contra la demencia digital y la sobrecarga informativa.

El acto de practicar un deporte nos desafía de múltiples maneras. Pone a prueba nuestra resistencia, coordinación y destreza, exigiendo a menudo un alto grado de concentración y determinación. En ese trance deportivo, la mente encuentra una especie de meditación en movimiento, alejándose del ruido digital y focalizándose en el aquí y el ahora. Cada zancada en una carrera, cada salto en una cancha de baloncesto, o cada brazada en una piscina, nos arraigan en el momento presente, recordándonos la vitalidad y el potencial de nuestro ser físico.

Por otro lado, las actividades al aire libre, ya sea un paseo por el bosque, un día de picnic en el parque o una tarde de pesca en un lago, nos reconectan con la naturaleza y sus ritmos intrínsecos. Al sumergirnos en estos entornos, nos vemos envueltos por un espectáculo de colores, sonidos y olores que despiertan nuestros sentidos y reviven nuestra curiosidad innata. La brisa en el rostro, el trinar de las aves o el murmullo de un arroyo se convierten en recordatorios vivos de la maravilla del mundo natural y de nuestra relación intrínseca con él.

Además, estas actividades promueven la interacción social genuina. En un mundo donde la "conexión" a menudo se reduce a comentarios y "likes" en plataformas virtuales, compartir experiencias al aire libre y practicar deportes en equipo nos brindan la oportunidad de fortalecer lazos, comunicarnos cara a cara y vivir momentos auténticos.

La vida fuera de las pantallas

En la dinámica vertiginosa del siglo XXI, los deportes y las actividades al aire libre son mucho más que simples pasatiempos; son puertas hacia una existencia plena y equilibrada. Nos recuerdan la importancia de cuidar nuestro cuerpo, valorar nuestra conexión con la naturaleza y apreciar la esencia de la vida fuera de las pantallas. En su sencillez radica su grandeza, mostrándonos un camino de regreso a lo fundamental en tiempos de distracción digital constante.

Vivir fuera de las pantallas se ha convertido en un reto, casi en un acto revolucionario en una sociedad hiperconectada. A medida que el mundo digital expande su influencia, muchos descubren que alejarse ocasionalmente de sus dispositivos es fundamental para mantener el equilibrio y la claridad mental.

Los días que se desvanecen entre notificaciones, actualizaciones y pantallas táctiles a menudo nos dejan con una sensación de vacío, como si hubiéramos perdido algo esencial en el camino. Y es que la vida real, esa que ocurre en cada respiro, en cada risa compartida, en cada paso sobre la tierra o en el murmullo del viento entre los árboles, tiene una textura y profundidad que ningún dispositivo puede replicar.

Por ello, cada vez más personas buscan refugio en actividades que las reconecten con lo tangible y auténtico. Ya sea a través de caminatas por senderos naturales, tardes de arte manual, o simplemente meditando en un rincón tranquilo del hogar, la vida fuera de las pantallas ofrece una riqueza insustituible. Es en estos momentos cuando realmente sentimos, cuando nos sintonizamos con el ritmo natural del universo y nos reencontramos con la esencia de lo que significa ser humano.

No se trata de demonizar la tecnología, que sin duda ha traído innumerables beneficios y facilidades a nuestra vida cotidiana. Se trata, más bien, de encontrar un equilibrio, de entender que, al igual que una dieta equilibrada combina diferentes alimentos, una vida plena combina momentos de conexión digital con momentos de desconexión total.

En esta pausa, en este respiro que tomamos cuando dejamos a un lado nuestros dispositivos, encontramos la oportunidad de reconectar con nosotros mismos, de reflexionar, de soñar, de simplemente ser. Y es precisamente aquí, en el silencio y la simplicidad, donde a menudo encontramos las respuestas a las preguntas más complejas y los momentos más significativos de nuestra existencia.

Así que, mientras navegamos por esta era digital, recordemos siempre la importancia de levantar la vista, de sentir el sol en nuestra piel, de escuchar las historias de aquellos que nos rodean y de saborear la vida en su forma más pura y auténtica. Porque, al final del día, es en estos instantes donde verdaderamente encontramos la magia y el propósito de la vida.

Anexos: Educación y conciencia digital:

Uso responsable y consciente de la tecnología.

Vivimos en una era de avances tecnológicos vertiginosos. Cada día, nuevos dispositivos, aplicaciones y plataformas surgen, transformando la manera en que nos comunicamos, trabajamos y nos entretenemos. Pero junto con estas innovaciones, se presenta la responsabilidad de usar la tecnología de manera consciente y equilibrada. La educación y conciencia digital no son simples modismos; son fundamentales para garantizar que integremos la tecnología en nuestras vidas de una manera que beneficie nuestra salud mental, física y emocional.

El uso responsable de la tecnología implica reconocer tanto sus beneficios como sus limitaciones. Se trata de entender que, si bien los dispositivos pueden ofrecer herramientas valiosas para la comunicación y el aprendizaje, no deben convertirse en sustitutos de experiencias humanas auténticas. Es vital recordar que, detrás de cada pantalla, hay una persona real con emociones, deseos y sueños, y que la verdadera conexión humana trasciende los pixeles y las ondas digitales.

Además, ser conscientes de nuestra relación con la tecnología significa ser críticos con la información que consumimos. En una época donde las fake news y la desinformación se propagan rápidamente, es esencial desarrollar habilidades de pensamiento crítico, aprender a verificar fuentes y ser selectivos con el contenido que permitimos que ocupe nuestra mente.

La educación digital también incluye establecer límites. Estos límites no son signos de debilidad o rechazo a la modernidad, sino indicadores de un autoconocimiento profundo. Significa reconocer cuándo es el momento de apagar el dispositivo, de disfrutar del silencio, de reconectar con la naturaleza o simplemente de sumergirse en un buen libro. Estos momentos de desconexión no solo son refrescantes, sino que también son esenciales para nuestro bienestar.

Y, por supuesto, no podemos olvidar la importancia de educar a las generaciones más jóvenes. Los niños y adolescentes de hoy están creciendo en un mundo donde la digitalización es la norma, no la excepción. Es nuestro deber, como sociedad, garantizar que cuenten con las herramientas y el conocimiento para navegar este paisaje digital con confianza y resiliencia. Esto implica enseñarles sobre privacidad en línea, seguridad cibernética, empatía digital y, sobre todo, la importancia de mantener un equilibrio entre el mundo virtual y el real.

En conclusión, mientras abrazamos las maravillas de la era digital, no podemos olvidar la esencia de nuestra humanidad. La tecnología, en su mejor versión, debe servir como un puente, no como una barrera. A través de la educación y la conciencia digital, podemos garantizar que este puente nos conduzca hacia un futuro donde la tecnología y la humanidad coexisten en armonía y beneficio mutuo.

Priorizar la interacción humana por encima de la digital

Vivimos en un mundo interconectado, donde el pulso digital marca el ritmo de nuestras vidas. Sin embargo, en este panorama donde el "estar en línea" parece ser una constante, es vital recordar el valor insustituible de la interacción humana. Mientras que la comunicación digital ha abierto puertas a conexiones globales y posibilidades antes inimaginables, no debe eclipsar la riqueza y profundidad de un encuentro cara a cara.

Priorizar la interacción humana sobre la digital es un acto de resistencia y recordatorio. Resistencia frente a un mundo que, a menudo, nos insta a responder inmediatamente a cada notificación, cada mensaje, cada llamada. Recordatorio de que, en la simplicidad de un gesto, una mirada o una risa compartida, se encuentra la esencia de lo que significa ser humano.

Al valorar las conversaciones en persona, no solo fortalecemos lazos con quienes nos rodean, sino que también nos conectamos con nosotros mismos. En el intercambio directo, aprendemos a escuchar activamente, a percibir las emociones que subyacen en las palabras y a cultivar la empatía. Cada conversación cara a cara es una oportunidad para desarrollar habilidades sociales, comprensión y autenticidad.

Esto no implica rechazar la tecnología. De hecho, las herramientas digitales pueden ser excelentes complementos para fortalecer las relaciones humanas, pero no deben convertirse en sustitutos. Usar la tecnología para coordinar encuentros, recordar fechas importantes o incluso para mantenerse en contacto a través de largas distancias es valioso, siempre y cuando no reemplace la esencia del contacto humano.

Educarse en este equilibrio implica enseñar a las nuevas generaciones el valor del tiempo en calidad, no solo en cantidad. Significa inculcar la idea de que, aunque es posible tener cientos o miles de amigos en redes sociales, unas pocas conversaciones significativas en el mundo real pueden tener un impacto más profundo en nuestras vidas que cualquier interacción digital.

En resumen, en la era de la conciencia digital, priorizar la interacción humana es esencial. Es un recordatorio de que, antes de ser usuarios, seguidores o likes, somos seres humanos con necesidades, emociones y deseos que trascienden la pantalla. Es una invitación a volver a lo básico, a lo auténtico y a lo que verdaderamente nos conecta como humanidad.

Llamado a la acción: pasos
concretos para iniciar el cambio.

La información y las reflexiones adquiridas en este libro tienen el potencial de cambiar vidas, pero solo si se traducen en acción. Pasar de la contemplación al cambio requiere más que solo conocimiento; requiere decisión y esfuerzo sostenido. A continuación, te presento un conjunto de pasos concretos para iniciar el cambio y superar la demencia digital:

Autoevaluación: Dedica unos momentos para reflexionar sobre tu relación actual con la tecnología. ¿Cuánto tiempo pasas frente a las pantallas? ¿Sientes que tu bienestar mental y emocional se ha visto afectado? Anota tus observaciones.

Establece Metas Claras: ¿Qué aspecto de tu comportamiento digital deseas cambiar? Puede ser reducir las horas que pasas en las redes sociales, limitar las notificaciones o dedicar tiempo específico para desconectar. Define tus metas de forma específica y realista.

Diseña un Plan de Acción: Basándote en tus metas, crea un plan detallado de los pasos que seguirás. Si tu objetivo es reducir el tiempo en las redes sociales, decide cuánto tiempo permitirás cada día y qué actividades realizarás en su lugar.

Implementa Herramientas de Ayuda: Utiliza aplicaciones de seguimiento y control de tiempo en pantalla para mantenerte informado sobre tu progreso. Establece recordatorios que te animen a hacer pausas y desconectar.

Prioriza el Tiempo de Calidad: Redescubre actividades que habías olvidado, como leer libros físicos, escribir a mano o practicar deportes. Dedica tiempo específico a estas actividades en tu semana.

Reconecta con Seres Queridos: Proponte pasar tiempo de calidad con amigos y familiares sin la interferencia de dispositivos. Esto puede incluir cenas sin teléfonos o salidas donde se priorice la conversación.

Educa y Comparte: Habla con otros sobre lo que has aprendido y los beneficios que estás experimentando. Fomenta la educación y la conciencia digital en tu comunidad.

Evaluación Continua: Cada mes, dedica un momento para evaluar tu progreso. ¿Estás cumpliendo tus metas? Si no, reflexiona sobre lo que está impidiendo el cambio y ajusta tu plan de acción.

Celebra Tus Logros: Cada paso que tomes en dirección a una relación más saludable con la tecnología es un logro. Reconoce tus avances y permítete sentir orgullo por ellos.

Busca Apoyo: Si sientes que el cambio es abrumador o difícil de mantener, considera unirte a un grupo de apoyo o buscar la ayuda de un profesional.

Recuerda que el cambio es un proceso, no un destino. Cada día brinda una nueva oportunidad para elegir cómo interactuamos con la tecnología y cómo definimos su papel en nuestras vidas. El llamado a la acción es claro: no esperes a mañana para iniciar el cambio que deseas ver en tu vida. El momento es ahora. Emprende este viaje hacia un equilibrio digital y redescubre la alegría y plenitud que esperan fuera de la pantalla.

Tecnología como aliado, no enemigo

Herramientas y aplicaciones para potenciar el cerebro.

En un mundo en el que la tecnología parece estar en cada rincón, es fácil caer en la trampa de verla como un adversario en nuestra lucha por mantenernos mentalmente ágiles y conectados con nuestra esencia humana. Sin embargo, si se aborda con una perspectiva equilibrada, la tecnología puede transformarse de adversario a aliado, de distractor a potenciador.

Más allá de las distracciones que las redes sociales y las notificaciones constantes pueden traer a nuestras vidas, existen herramientas y aplicaciones diseñadas específicamente para fortalecer nuestro cerebro y nuestras habilidades cognitivas. Estas aplicaciones, si se usan adecuadamente, pueden ser una extensión de nuestra voluntad de mejorar y mantener nuestra mente en forma, al igual que un gimnasio lo hace para nuestro cuerpo.

Por ejemplo, hay aplicaciones diseñadas para mejorar nuestra memoria a corto y largo plazo, retándonos a recordar secuencias, patrones o información específica. Otras se enfocan en la agilidad mental, presentando desafíos matemáticos, lógicos o lingüísticos que deben resolverse en un tiempo determinado. Algunas más, se adentran en el mundo de la meditación y la atención plena, ofreciendo guías y ejercicios para centrar nuestra mente y reducir el estrés.

También hay herramientas que nos permiten sumergirnos en mundos virtuales para aprender nuevos idiomas, descubriendo culturas y practicando conversación con hablantes nativos, o incluso plataformas que facilitan el aprendizaje de habilidades tan diversas como la programación, la música o el arte, todo desde la comodidad de nuestro dispositivo.

El potencial de estas herramientas radica en su capacidad de personalización. Pueden adaptarse a nuestros ritmos de aprendizaje, preferencias y objetivos, ofreciendo un camino de desarrollo que es intrínsecamente nuestro.

Sin embargo, al igual que con cualquier herramienta, la clave está en cómo la usamos. Es vital establecer límites, asegurándonos de que, aunque estemos utilizando la tecnología para potenciar nuestro cerebro, también le damos el espacio necesario para descansar, para desconectar y para simplemente ser.

La tecnología, cuando se utiliza de manera consciente y equilibrada, no es el enemigo. Es un reflejo de nuestra capacidad humana de innovar, de adaptarnos y de buscar siempre formas de mejorar. Así, con la guía adecuada y la intención correcta, podemos hacer de la tecnología un valioso aliado en nuestro camino de crecimiento personal y cognitivo.

Balance entre el mundo digital y el mundo real.

En la encrucijada de la modernidad, donde la tecnología digital nos rodea y a menudo nos domina, encontrar el equilibrio adecuado entre el mundo virtual y el tangible se convierte en un arte en sí mismo. A medida que avanzamos hacia un futuro cada vez más interconectado, es esencial no perder de vista lo que significa ser verdaderamente humano, y ese sentido radica en nuestra capacidad para interactuar, sentir y experimentar el mundo más allá de los píxeles y las pantallas.

El mundo digital nos brinda oportunidades asombrosas: comunicarnos instantáneamente con alguien al otro lado del mundo, acceder a información ilimitada con un solo clic o sumergirnos en realidades alternas. Sin embargo, no debe eclipsar ni reemplazar el mundo real, donde las risas son audibles, los abrazos son tangibles y las experiencias son inmediatas.

Para equilibrar nuestra vida digital con la real, es crucial establecer momentos y espacios designados para cada uno. Por ejemplo, podemos comenzar por crear zonas libres de tecnología en nuestros hogares, donde los dispositivos no tienen cabida. Estos pueden ser espacios para la lectura, la meditación o simplemente para disfrutar de una taza de café mirando por la ventana. Es en estos momentos de desconexión donde a menudo encontramos la mayor conexión, no solo con nosotros mismos, sino también con quienes nos rodean.

La naturaleza también juega un papel vital en este balance. Pasar tiempo al aire libre, ya sea caminando por el bosque, observando el fluir de un río o simplemente escuchando el canto de los pájaros, nos sirve como recordatorio de la vastedad y belleza del mundo que existe fuera de nuestro alcance digital. Estas experiencias nos anclan, nos centran y nos proporcionan una perspectiva refrescante sobre nuestra existencia.

Además, es fundamental ser conscientes de cómo y cuándo utilizamos la tecnología. En lugar de ser consumidores pasivos, debemos ser activos y deliberados en nuestras elecciones digitales. Esto significa no solo elegir qué plataformas usar, sino también cuándo y cómo interactuar con ellas.

Al final del día, el balance perfecto es aquel que nos permite disfrutar de lo mejor de ambos mundos. Es reconocer que, aunque la tecnología puede ser un aliado poderoso y enriquecedor, no puede ni debe reemplazar la profundidad, la riqueza y la autenticidad de nuestras experiencias en el mundo real. Con intención y conciencia, podemos trazar un camino que honre ambas realidades, creando una vida plena y equilibrada.

Testimonios y casos de éxito

Cuando nos adentramos en las historias de quienes han enfrentado y superado su dependencia digital, encontramos relatos cargados de esperanza, resiliencia y renovación. Estas narrativas son testimonios vivientes de que, con determinación y las estrategias adecuadas, es posible encontrar un equilibrio en nuestra relación con la tecnología.

Luisa, una joven diseñadora gráfica de 29 años, nos cuenta cómo su obsesión con las redes sociales y el trabajo online la llevaron a sentirse agotada y desconectada de su propia realidad. "Llegó un punto en que me daba cuenta de que estaba más pendiente de la vida de otros a través de mi pantalla que de la mía propia", recuerda. Sin embargo, una serie de talleres sobre salud digital y un viaje de desconexión en la montaña la ayudaron a redirigir su enfoque. Hoy, Luisa prioriza momentos de calidad con su familia y amigos y ha establecido límites claros para su uso de dispositivos. La diferencia es notoria: "Me siento más presente, más conectada conmigo misma y con lo que realmente importa", dice.

Miguel, un profesor de 42 años, relata cómo la constante necesidad de estar conectado para su trabajo lo dejó al borde del agotamiento. Sin embargo, un retiro de meditación y yoga sin tecnología fue el punto de inflexión que necesitaba. A su regreso, implementó horarios estrictos de "desconexión digital" y comenzó a practicar técnicas de atención plena. "No solo me siento más energizado, sino que he notado una mejora significativa en mi capacidad de concentración y creatividad", comparte Miguel.

Cada historia, única en su esencia, tiene un hilo conductor común: los beneficios palpables de implementar cambios en los hábitos digitales. Las personas reportan mejoras en su salud mental y física, una mayor sensación de bienestar y una renovada apreciación por las pequeñas alegrías de la vida. Muchos hablan de una mejor calidad de sueño, relaciones más profundas y una perspectiva más clara y enfocada.

Estos testimonios son un recordatorio poderoso de que, si bien la tecnología puede ofrecer maravillas, la verdadera magia se encuentra en el mundo tangible que nos rodea, en las conexiones humanas genuinas y en las experiencias vividas plenamente. Con esfuerzo y compromiso, es posible superar la dependencia digital y redescubrir la belleza de una vida equilibrada.

Conclusión

En este viaje a través de las páginas de "DEMENCIA DIGITAL, Cómo Superarla", hemos explorado la complejidad de nuestra relación con la tecnología en esta era digital y los retos que presenta para nuestra salud mental y bienestar. Hemos descubierto que, a pesar de los numerosos beneficios y comodidades que la tecnología nos brinda, existe un precio oculto: una mente distraída, una conexión humana desvanecida y, para muchos, una sensación de pérdida en el vasto mundo digital.

No obstante, en lugar de rechazar o temer la tecnología, hemos aprendido a abrazarla con conciencia y responsabilidad. Las herramientas y técnicas presentadas en este libro no pretenden demonizar la era digital, sino ofrecer una guía hacia un equilibrio donde la tecnología sirva como una herramienta, no como un amo.

La clave reside en la autoreflexión y la acción deliberada. Al establecer límites claros, priorizar la interacción humana, fomentar hábitos saludables y practicar ejercicios cognitivos, podemos trazar un camino hacia una existencia digitalmente equilibrada. Las historias de éxito y testimonios compartidos nos muestran que, con determinación y las estrategias adecuadas, es posible retomar el control y redescubrir la esencia de una vida vivida con plenitud.

Al cerrar este libro, el desafío es personal y está en manos de cada lector. Está en nuestras manos decidir cómo queremos que la tecnología forme parte de nuestras vidas y qué papel queremos que desempeñe en ella. Con consciencia, esfuerzo y guía, podemos superar los desafíos de la demencia digital y avanzar hacia un futuro donde la mente está en equilibrio, el corazón está conectado y el espíritu vuela libre.

Espero que esta obra haya servido como un faro, iluminando el camino hacia un destino donde la tecnología y la humanidad coexisten en armonía. Que cada página haya sido un paso hacia la comprensión y que cada capítulo haya ofrecido herramientas para retomar el control. Aquí termina nuestro viaje escrito, pero comienza la travesía personal. Que encuentres en cada día la oportunidad de reconectar, de reequilibrar y, sobre todo, de redescubrir la maravillosa esencia de ser humano en esta era digital.

del autor incluido en ninguno de los contenidos en este volumen. Ni el editor ni el autor individual serán responsables de los daños y perjuicios físicos, psicológicos, emocionales, financieros o comerciales. Nuestros puntos de vista y derechos son los mismos: Tienes que probarlo todo por ti mismo de acuerdo con tu propia situación, talentos e inspiraciones. Eres responsable de tus propias decisiones, elecciones, acciones y resultados.

OTRAS OBRAS DEL AUTOR

- Hábitos que resaltan tu personalidad

- 13 Hábitos de la gente altamente eficiente

- En busca de la Superación Personal

- Cómo y porqué aprender a sublimar tazas y thermos

- Como Crear un huerto para cultivos en casa

- El camino es la meta

- 13 Habits of highly efficient people

- Habits that highlight your personality

- Turismo de salud y bienestar

- Economías naranja

- Cuándo buscar consejería matrimonial

- La Inteligencia artificial al servicio de la humanidad

- Terapia de pareja cognitivo-conductual (TCC)

- Construye tu imagen de marca como autor

- Paz interior mediante meditación

- El Poder de los Hábitos Cotidianos

- Pasos para que sucedan cosas buenas

- Los Secretos de los millonarios

- Caminando con Cristo

- Plantar, Regar y Esperar en Dios

- Evangelismo- Un Viaje Espiritual

- Cómo ser autodidacta

- Ser positivo: Cómo ser más productivo y exitoso

- Cómo ser optimista

Gracias, para ayudarte en tus proyectos digitales, contáctanos:
https://pedroaguerovallejo.com

https://wa.link/e4caie